职业教育汽车专业"十三五"规划系列教材

QICHE FADONGJI JIXIE XITONG JIANXIU

汽车发动机机械系统检修

主　编　赖晓龙

副主编　谢晓文　陈建军　李颖欣

参　编　周志伟　蔡乙贤　梁志伟　王慧丽

重庆大学出版社

图书在版编目(CIP)数据

汽车发动机机械系统检修／赖晓龙主编.--重庆：
重庆大学出版社,2019.8
职业教育汽车专业"十三五"规划系列教材
ISBN 978-7-5689-1590-8

Ⅰ.①汽… Ⅱ.①赖… Ⅲ.①汽车—发动机—机械系
统—车辆检修—中等专业学校—教材 Ⅳ.①U472.43

中国版本图书馆 CIP 数据核字(2019)第 109409 号

职业教育汽车专业"十三五"规划系列教材
汽车发动机机械系统检修
主　编　赖晓龙
副主编　谢晓文　陈建军　李颖欣
策划编辑:章　可
责任编辑:李定群　　版式设计:章　可
责任校对:关德强　　责任印制:赵　晟

＊

重庆大学出版社出版发行
出版人:饶帮华
社址:重庆市沙坪坝区大学城西路 21 号
邮编:401331
电话:(023) 88617190　88617185(中小学)
传真:(023) 88617186　88617166
网址:http://www.cqup.com.cn
邮箱:fxk@ cqup.com.cn (营销中心)
全国新华书店经销
重庆升光电力印务有限公司印刷

＊

开本:787mm×1092mm　1/16　印张:10.5　字数:236千
2019 年 8 月第 1 版　　2019 年 8 月第 1 次印刷
ISBN 978-7-5689-1590-8　定价:49.00 元

EDITORIAL BOARD 编委会

PREFACE 前 言

本书依据教育部《中等职业学校汽车运用与维修专业教学标准》，并参照《汽车修理工国家职业标准》中汽车修理工所需的专业理论知识和技能操作要点进行编写。

本书将实际工作项目引入教材中，教学过程严格按照维修厂和4S店的作业过程，坚持"教、学、做"一体化，培养学生的职业意识，并通过学校与企业的合作，归纳精选常见车型的发动机类型，设计一定数量的教学项目，通过项目化教学使学生能通过有限的、具有代表性的典型案例，尽快掌握汽车发动机的维修技巧。

本书特色：

①内容以实践为主。

②选取的教学项目贴近生产实际。

③实训内容的设置以操作流程为主线，图片为主要展现形式，便于学生理解。

④本书配有拓展教学内容，丰富学生的学习内容。

教学建议：

①相关教学任务建议采用理实一体化的教学方法，教师示范，学生分组练习。

②一体化实训室建设配套要齐全，便于落实书中的相关知识要点，提升学生的学习兴趣。

本书由赖晓龙任主编，谢晓文、陈建军、李颖欣任副主编，参与编写的老师还有周志伟、蔡乙贤、梁志伟、王慧丽。

本书的编写工作得到了上海景格科技股份有限公司的大力支持，尤其是书中的大量图片，公司技术人员投入了大量的时间与心血，保证了本书的编写进度，谨向他们致以衷心的感谢！

由于作者的水平有限，书中难免会有疏漏之处，希望读者不吝指正。

编　者

2019 年 2 月

CONTENTS 目 录

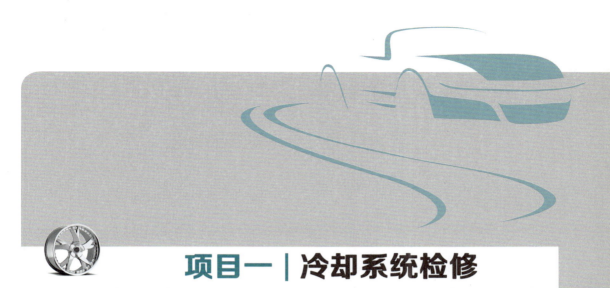

项目一 | 冷却系统检修

发动机冷却系统的作用是对工作中的发动机进行适当的冷却,保证发动机在正常工作温度下持续运行。冷却系统的总成和附件达不到使用要求或出现故障,发动机工作时就不能及时散热,轻则发动机温度高于规定值,造成机件磨损加剧,影响发动机寿命;重则发动机温度急剧升高,润滑条件恶化,致使发动机在短时间内拉缸烧瓦以致严重损坏。

冷却系统随发动机运行时间的延长,零部件耗损逐渐增加,再加上因零部件质量差异、使用不当均会发生一些运行性的故障,故需及时检查、补给、调整和修理,以保证性能完好。

本项目以 07 款卡罗拉 1.6L/AT 轿车 1ZR-FE 发动机为例,通过分析冷却系统损伤形式及成因,对冷却系统组件进行检测并提出修复方法,使学生掌握发动机冷却系统检修的基本方法。冷却系统的结构如图 1-1 所示。

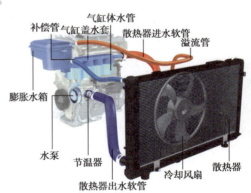

图 1-1 冷却系统

学习目标:
- 了解安全操作要求,养成安全文明操作的习惯;
- 养成组员之间互相协作的习惯;
- 实施操作结束后,清洁工具,并将工具设备归位,清洁场地;
- 根据技术标准对冷却系统的水泵、节温器和散热器进行检修;
- 能正确描述冷却系统主要部件的常见损伤形式及成因;
- 能阐述冷却系统各部件的检测要点。

/学习任务一/ 检修节温器

任务目标

- 能正确描述节温器的常见损伤形式及成因；
- 能掌握节温器的检修方法。

学习重点

- 节温器常见损伤形式及其对应的检修方法。

节温器的作用是根据冷却水温度的高低自动调节进入散热器的水量,改变水的循环范围,以调节冷却系统的散热能力,保证发动机在合适的温度范围内工作。节温器必须保持良好的技术状态,否则会严重影响发动机的正常工作。如节温器主阀门开启过迟,就会引起发动机过热;主阀门开启过早,则使发动机预热时间延长,发动机温度过低。

本任务将阐述节温器的结构与原理,以及发动机节温器的使用与检查方法,提高学生对节温器的认识,并通过检修07款的丰田卡罗拉汽车节温器,掌握对汽车节温器的检修。

【知识准备】

一、节温器的结构与功用

节温器是控制冷却液流动路径的阀门。当发动机冷起动时,冷却液的温度较低,这时节温器将冷却液流向散热器的通道关闭,使冷却液经水泵入口直接流入机体或气缸盖水套,以便使冷却液能迅速升温。如果不装节温器,让温度较低的冷却液经过散热器冷却后返回发动机,则冷却液的温度将长时间不能升高,发动机也将长时间在低温下运转。同时,依靠冷却液加热的车厢暖风系统以及发动机进气管都将在长时间内得不到加热。

07款卡罗拉1.6L/AT轿车的冷却系统采用的是蜡式节温器。蜡式节温器主要是由支架、挺杆、蜡管、主阀门、副阀门及弹簧等构成的,如图1-2所示。

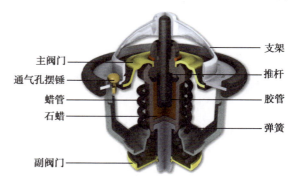

图1-2 节温器结构

二、节温器的常见损伤形式及成因

节温器常见的损伤有两种情况：一种是打不开或升程较小，这样发动机冷却系统就只能进行小循环，从而导致发动机温度过高，不能长时间工作；另一种是不能关闭，这样发动机冷却系统就只能进行大循环，从而导致发动机暖机时间加长，发动机冷却液温度上升缓慢。造成节温器阀门升程不足或无法打开的主要原因是节温器石蜡泄漏。

【任务实施】

按照计划，参考汽车使用手册，进行节温器的检修。

一、实施方案

1.注意事项

参照厂家的质量标准要求，严格按照安全操作规程进行项目作业，自觉按照文明生产规则和环境保护要求进行拆装与检测。在满足厂家的生产规范和质量要求的前提下，能熟练检修节温器，接触热车水管时应戴防护手套，在水加热过程中，注意防止水溅出而造成烫伤。

2.组织方式

每4位同学一组，检修07款卡罗拉1.6L／AT轿车1ZR-FE发动机的节温器，并按照企业岗位操作规范进行作业。

3.作业准备

• 技术要求与标准：节温器阀门开启温度为80~84 ℃，达到最大升程时温度为95 ℃，最大升程10 mm。

• 设备器材：如图1-3所示。

• 场地设施：消防设施的场地。

• 设备设施：07款卡罗拉1.6L／AT轿车1ZR-FE发动机1台，发动机台架，以及工具车、零件车、垃圾桶。

• 耗材：干净抹布、泡沫清洗剂。

常用工具（1套）

钢直尺

铁架台   酒精灯   温度计

图 1-3 设备器材

二、操作步骤

1.检查节温器阀门开启温度(见图 1-4)

①将节温器浸入水中,然后逐渐将水加热。

②检查节温器阀开启温度。阀门开启温度为 80~84 ℃。如果阀门开启温度不符合规定,则更换节温器。

2.检查节温器阀门升程(见图 1-5)

①将节温器浸入水中,然后逐渐将水继续加热。

②检查阀门升程。水温达到 95 ℃ 时阀门升程为 10 mm 或更大。如果阀门升程不符合规定,则更换节温器。

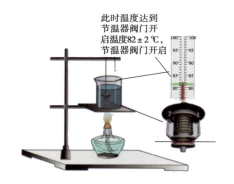

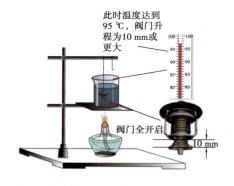

图 1-4 检查节温器的开启温度   图 1-5 检查节温器阀门升程

3.检查节温器阀门完全关闭温度(见图 1-6)

①将节温器浸入水中,然后停止加热。

②当节温器处于低温(低于 77 ℃)时,检查并确认阀门全关。如果不能全关,则更换节温器。

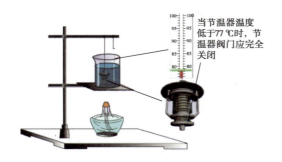

当节温器温度低于77 ℃时，节温器阀门应完全关闭

图1-6　检查节温器阀门的完全关闭温度

【任务小结】

1.节温器的组成

节温器主要是由支架、挺杆、蜡管、主阀门、副阀门及弹簧等构成的。

2.节温器的功用

节温器是用来控制冷却液流动路径的阀门。

3.节温器常见的损伤

节温器常见的损伤有两种情况:一种是打不开或升程较小;另一种是不能关闭。

4.检查节温器的操作步骤

①检查节温器阀门的开启温度。

②检查节温器阀门升程。

③检查节温器阀门的完全关闭温度。

【测试练习】

一、判断题

1.节温器上刻有阀门开启温度。　　　　　　　　　　　　　　　　　　　　　　(　　)

2.蜡式节温器失效后无法修复,应按照其安全寿命定期更换。　　　　　　　　(　　)

二、单选题

1.节温器不能关闭后,冷却系统会发生以下哪种现象?(　　　)

　A.只进行小循环　　　　　　　　　　　　B.只有大循环

　C.电控风扇停转　　　　　　　　　　　　D.既有大循环,也有小循环

2.以07 款卡罗拉 1.6L∕AT 轿车为例,节温器阀门开启温度为(　　　)℃。

　A.76～80　　　　　　B.76～86　　　　　　C.80～84　　　　　　D.84～86

【任务评价】

本任务的任务评价见表1-1。

表1-1　任务评价表

序　号	内　　容	分　值	得　分
1	检查节温器阀门开启温度	30	
2	检查节温器阀门升程	30	
3	检查节温器阀门完全关闭温度	30	
4	加热时,节温器及温度计不要接触容器壁和底部	10	
总　　分		100	

注:操作规范即得分,操作错误或未进行操作即0分。

╱学习任务二╱　检修水泵

任务目标
- 能正确描述水泵的常见损伤及成因;
- 能掌握水泵的检修方法。

学习重点
- 水泵常见损伤形式及其对应的检修方法。

水泵是汽车发动机冷却系统的重要构成部分之一。作为一个长期运转的装置,水泵也会出现故障,那么,应如何对这些故障进行检修呢?

本任务将阐述水泵的构造原理,以及发动机节温器的使用与检查方法,提高学生对水泵的认识,并通过检修07款的丰田卡罗拉汽车水泵,掌握对汽车节温器的检修。

【知识准备】

一、离心式水泵的结构与功用

水泵的功用是对冷却液加压,保证其在冷却系统中循环流动,加速热量的散发。汽车发动机广泛采用离心式水泵。它由水泵皮带轮、水泵轴、水泵叶轮及密封组件等组成,如图1-7所示。07款卡罗拉1.6L/AT轿车的冷却系统采用的也是离心式水泵。本任务主要讲解离心式水泵的检修。

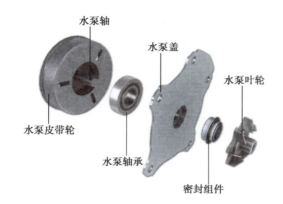

图 1-7　水泵的结构

二、离心式水泵的常见损伤形式及成因

水泵常见的损伤形式有叶轮损坏、水泵漏水和轴承抱死等。

1.叶轮损坏

叶轮损坏的常见形式有叶轮开裂(见图 1-8)、叶轮从泵轴上松脱或叶轮锈蚀。叶轮锈蚀一般不会造成发动机故障。叶轮开裂或从泵轴上松脱后,冷却液循环速度变慢,容易引起发动机温度过高的故障。损坏的叶轮在叶轮旋转时还可能撞击水泵壳体,造成壳体碎裂。

叶轮损坏的原因通常是因发动机出现了非正常高温,有些是因水泵叶轮的质量问题。检查叶轮是否损坏时,大多数水泵只能拆卸后才能看到叶轮的状况,有些发动机在拆下节温器后可用手触摸到水泵叶轮。

2.水泵漏水

常见的水泵漏水有水封漏水和水泵与缸体的结合面漏水。水封损坏后,冷却液一般会从泵轴处泄漏。有些水泵在泵轴处设有溢水孔,其作用是确定水封是否漏水和排出水泵漏出的水。当水封损坏后,冷却液会从溢水孔流出,如果溢水孔被堵死,泄漏的冷却液就会进入水泵轴承内,导致轴承的损坏。

水泵与缸体的结合面漏水的常见原因是水泵的橡胶密封圈损坏,或水泵壳体与缸体结合面之间的密封垫损坏。

图 1-8　叶轮开裂

图 1-9　轴承抱死

3.轴承抱死

轴承抱死的情况较少,但是一旦出现轴承抱死的情况,有些利用正时皮带驱动水泵的发动机就会出现严重的后果,轻则正时皮带损坏,重则发动机气门会被活塞顶弯,如图 1-9 所

示。水泵轴承大多是免维护轴承,在发生抱死之前会出现异响或因轴承偏磨导致水泵漏水,因此,在日常检查或例行保养时对水泵进行检查非常重要。建议在更换正时齿形皮带等相关部件时,也应对水泵进行检查。需要注意的是,当水泵附近出现异响时,有时会将传动皮带打滑的声音误认为是水泵的声音。

【任务实施】

按照计划,参考汽车使用手册,进行水泵的检修。

一、实施方案

1.注意事项

参照厂家的质量标准要求,严格按照安全操作规程进行项目作业,自觉按照文明生产规则和环境保护要求进行拆装与检测。在满足厂家的生产规范和质量要求的前提下,能熟练、快速地拆卸与安装水泵。安装水泵时,水泵周围要涂抹密封胶,固定螺栓拧至规定扭力。安装好水泵后,需要等待 30 min 再加入冷却液。

2.组织方式

每 4 位同学一组,检修 07 款卡罗拉 1.6L/AT 轿车 1ZR-FE 发动机的水泵,并按照企业岗位操作规范进行作业。

3.作业准备

● 技术要求与标准:

①水泵壳体与盖接合面变形不得大于 0.05 mm,否则应予以修平。

②水泵轴弯曲大于 0.05 mm 时,应冷压校直。

③水泵轴承轴向间隙大于 0.30 mm,径向间隙大于 0.15 mm,应予以更换。

● 设备器材:如图 1-10 所示。

| 常用工具(1 套) | 塞尺 | 钢板尺 |

图 1-10 设备器材

● 场地设施:消防设施的场地。

● 设备设施:07 款卡罗拉 1.6L/AT 轿车 1ZR-FE 发动机 1 台,发动机台架,以及工具车、零件车、垃圾桶。

● 耗材:干净抹布、泡沫清洗剂。

二、操作步骤

1.水泵总成的外部检查

①检查有无渗漏。用目测法检测水泵有无渗漏,水封失效时会有大量的冷却液从水泵轴处渗漏。水泵壳体如有裂纹也会发生渗漏,如图 1-11 所示。

图 1-11　水泵的外部检查

②检查带轮的转动和轴向、径向窜动量。用手转动带轮,应运转灵活,无卡滞现象;否则,泵轴可能弯曲或轴承浸水锈蚀。如果带轮的轴向和径向窜动量过大(轴向一般小于0.30 mm,径向一般小于 0.15 mm),则说明轴承、水泵轴或水泵壳体上的轴承孔有较大的磨损。

2.水泵零部件的检修(见图 1-12)

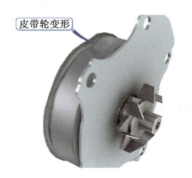

水泵带轮　　　　　　　　　　　　　　叶轮检查

图 1-12　水泵的检修

①水泵壳体和带轮的检修。水泵壳体与水泵盖结合面大于 0.05 mm,应予修平;水泵壳体裂纹,应更换或焊修;轴承座孔磨损,应予以报废。

②水泵轴的检修。如果皮带张紧力过大会造成水泵轴弯曲,当弯曲度大于 0.05 mm 时,应冷压校直;水泵轴与轴承配合处轴颈磨损,应予以报废。轴端螺纹损坏应予以修复或换新。

③水泵轴承的检修。检查轴承是否有异响,是否有松旷、卡滞现象,如有则更换。

④水泵叶轮的检查。叶轮轴孔磨损或叶片等处"穴蚀"(因水中小气泡炸裂而在零件表面形成麻坑等局部缺损的现象,称为穴蚀)严重时,应予以报废。

⑤检查皮带轮毂与水泵轴的配合情况。水泵轴的装配孔磨损过甚,可采取镶套修复或更换。

3.水泵试验(装复后)

①用手转动带轮,泵轴转动应无卡滞现象;水泵叶轮与泵壳应无擦碰现象。

②用手转动皮带轮,测试径向间隙,应无松旷感觉;前后拉动皮带轮,测试轴向间隙,稍有旷动为宜。

③堵住水泵进水孔,将冷却液灌入水泵腔中,转动水泵轴,泄水孔无漏水现象。

【任务小结】

1.离心式水泵的常见损伤形式

水泵常见的损伤形式有叶轮损坏、水泵漏水和轴承抱死等。

2.水泵零部件的检修

①水泵壳体和带轮的检修。

②水泵轴的检修。

③水泵轴承的检修。

④水泵叶轮的检修。

⑤检查皮带轮毂和水泵轴的配合情况。

【测试练习】

一、判断题

1.水泵带轮的轴向窜动量可大于 0.3 mm。 ( )

2.用手转动水泵带轮,若有卡滞现象,说明泵轴可能弯曲或轴承浸水锈蚀。 ( )

3.水泵壳体与水泵盖的结合面翘曲度超过 0.05 mm,必须报废。 ( )

二、单选题

皮带张紧力过大会造成水泵轴弯曲,当弯曲度大于( )mm 时,应冷压校正。

A.0.03   B.0.04   C.0.05   D.0.06

【任务评价】

本任务的任务评价见表1-2。

表 1-2 任务评价表

序　号	内　容	分　值	得　分
1	检查水泵总成的外部	10	
2	检查水泵带轮的转动和轴向、径向窜动量	10	
3	检修水泵壳体和带轮	15	
4	检修水泵轴	15	

续表

序　号	内　　容	分　值	得　分
5	检修水泵轴承	15	
6	检修水泵叶轮	15	
7	检查皮带轮毂和水泵轴的配合情况	10	
8	进行装复后的水泵试验	10	
	总　　分	100	

注:操作规范即得分,操作错误或未进行操作即 0 分。

/学习任务三/　检修散热器

任务目标
- 能正确描述散热器的常见损伤形式及成因;
- 能掌握散热器的检修方法。

学习重点
- 散热器常见损伤形式及其对应的检修方法。

随着生活水平的提高,许多家庭都逐渐拥有了汽车。发动机是汽车的核心,散热器是发动机水冷却系统中的主要工作部件之一。散热器长期使用后,芯管堵塞和冷却液外漏会造成发动机温度升高,影响发动机的正常工作。因此,要学会其故障的检查与排除方法。

所谓发动机过热,是指发动机的温度超过正常的最高温度(80～90 ℃)范围,有时还看到散热器出现开锅沸腾的现象。

本任务将阐述散热器的结构与原理,以及发动机散热器的使用与检查方法,提高学生对散热器的认识,并通过检修 07 款的丰田卡罗拉汽车散热器,掌握对汽车散热器的检修。

【知识准备】

一、散热器的类型

散热器是水冷式发动机冷却系统的主要组成部件,通过强制水循环对发动机进行冷却,是保证发动机在正常温度范围内连续工作的换热装置。按照散热器中冷却液流动的方向,可将散热器分为纵流式和横流式两种,如图 1-13 所示。07 款卡罗拉 1.6L/AT 轿车的 1ZR-FE 发动机采用的是横流式散热器。

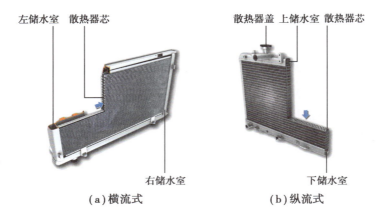

左储水室　散热器芯　　　　　散热器盖　上储水室　散热器芯

右储水室　　　　　　　　　　　　　下储水室

（a）横流式　　　　　　　　（b）纵流式

图1-13　散热器的分类

二、散热器的常见损伤及成因（见图1-14）

1.泄漏

散热器出现泄漏的原因为密封件老化、腐蚀和受到撞击等。

2.堵塞

散热器出现堵塞的原因是冷却系统中存在污物。

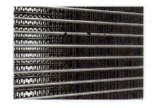　　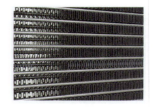

散热器管渗漏　　　　　　散热翼片堵塞　　　　　　散热翼片倒伏

图1-14　散热器的常见损伤

3.散热器盖内部泄漏

引起散热器盖内部泄漏的主要原因是限压弹簧弹力衰减，如图1-15所示。

【任务实施】

按照计划，参考汽车使用手册，进行散热器的检修。

一、实施方案

1.注意事项

参照厂家的质量标准要求，严格按照安全操作规程进行项目作业，自觉按照文明生产规则和环境保护要求进行拆装与检测。在满足厂家的生产规范和质量要求的前提下，能熟练、快速地对散热器进行检修。发动机在热机状态时，千万不要打开散热器盖，否则可能会被溅出的冷却液或高温蒸汽烫伤。等发动机冷却后，再进行散热器的检修。

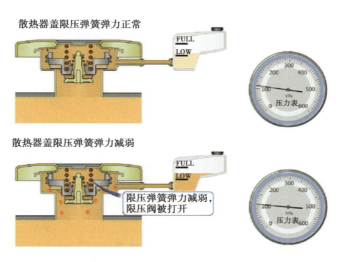

散热器盖限压弹簧弹力正常

散热器盖限压弹簧弹力减弱

限压弹簧弹力减弱，限压阀被打开

图 1-15 限压弹簧弹力减弱

2.组织方式

每 4 位同学一组,检修 07 款卡罗拉 1.6L／AT 轿车 1ZR-FE 发动机的散热器,并按照企业岗位操作规范进行作业。

3.作业准备

● 技术要求与标准:见表 1-3。

表 1-3 技术要求与标准(散热器盖的开启压力)

任 务	规定状态/kPa
标准值(新盖)	93.3～122.7
最小标准值(旧盖)	78.5

● 设备器材:如图 1-16 所示。

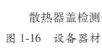

常用工具(1 套)　　　　散热器盖检测仪　　　　吹气枪

图 1-16 设备器材

● 场地设施:消防设施的场地。

● 设备设施:07 款卡罗拉 1.6L／AT 轿车 1ZR-FE 发动机 1 台,发动机台架,以及工具车、零件车、垃圾桶。

● 耗材:干净抹布、泡沫清洗剂。

二、操作步骤

1.检查散热器盖,测试阀门开启压力(见图 1-17)

①如果在 O 形圈中发现水垢或异物,则用清水冲洗并用手指擦拭。

②检查并确认 O 形圈没有变形、开裂或膨胀。

③使用散热器盖检测仪前,在 O 形圈和橡胶密封件上涂抹发动机冷却液,如图 1-17 所示。

④使用散热器检测仪时,使其向上倾斜大于 30°。

⑤泵压散热器盖检测仪检查最大压力,如图 1-18 所示。

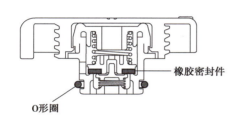

图 1-17　O 形圈和橡胶密封件

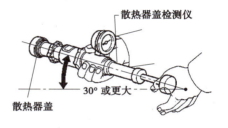

图 1-18　泵压散热器盖检测仪

其判断标准见表 1-4。

表 1-4　判断标准

任　务	规定状态/kPa
标准值(新盖)	93.3～122.7
最小标准值(旧盖)	78.5

☆ **注意事项**

泵速每秒泵吸一次。

即使散热器盖不能保持最大压力,也不属于故障。如果最大压力小于最小标准值,则更换散热器盖分总成。

2.检查散热器片是否阻塞

当散热器片阻塞,用水或蒸汽清洁并用压缩空气吹干,如图 1-19 所示。

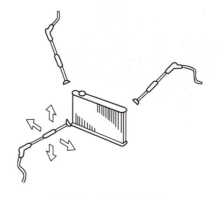

图 1-19　清洁散热器片

☆ **注意事项**

　　为避免损坏散热器片,喷射方向应与散热器芯表面成直角。

　　如果蒸汽清洁器太靠近散热器芯,则可能损坏散热片,应保持以下喷射距离:当喷射压力为 2 942~4 903 kPa 时,喷射距离应保持在 300 mm;当喷射压力为 4 903~7 845 kPa时,喷射距离应保持在 500 mm。

　　如果散热器片弯曲,则用螺丝刀或钳子校直。

　　不要使电子部件接触到水。

　　检查锁止板。

　　检查锁止板是否损坏,如图 1-20 所示。如果锁止板凹槽的侧部变形,则无法重装水室。因此,如有必要,先使用钳子或类似工具修复锁止板槽的形状。锁止板凹槽底部损坏或凹陷会导致漏水。必要时,维修或更换锁止板。

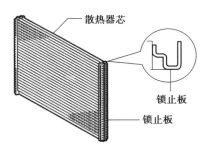

图 1-20　检查锁止板

☆ **注意事项**

　　散热器只能压接 3 次,重新压接 2 次之后,必须更换散热器。

【任务小结】

1.散热器类型

按照散热器中冷却液流动的方向,可将散热器分为纵流式和横流式两种。

2.散热器常见损伤及成因

①泄漏:散热器出现泄漏的原因为密封件老化、腐蚀和撞击等。

②堵塞:散热器出现堵塞的原因是冷却系统中存在污物。

③散热器盖内部泄漏:引起散热器盖内部泄漏的主要原因是限压弹簧弹力衰减。

【测试练习】

一、判断题

1.使用散热器检测仪时,使其向上倾斜小于 30°。　　　　　　　　　　　　(　　)

2.即使散热器盖不能保持最大压力,也不属于故障。　　　　　　　　　　(　　)

二、单选题

1.丰田卡罗拉汽车旧散热器盖开启压力的标准值为(　　)kPa。

　A.76.5　　　　　　　　B.77.5　　　　　　　　C.78.5　　　　　　　　D.79.5

2.使用2 942~4 903 kPa蒸汽清洁器清洁散热器芯片时,应保持(　　)mm距离。

　A.600　　　　　　　　B.500　　　　　　　　C.400　　　　　　　　D.300

【任务评价】

本任务的任务评价见表1-5。

表1-5　任务评价表

序　号	内　容	分　值	得　分
1	检查散热器盖的O形圈	10	
2	使用散热器检测仪前,在O形圈和橡胶密封件上涂抹发动机冷却液	10	
3	使用散热器检测仪时,使其向上倾斜大于30°	10	
4	泵压散热器盖检测仪数次,检查最大压力	10	
5	检查散热器片是否阻塞	30	
6	检查锁止板	30	
总　分		100	

注:操作规范即得分,操作错误或未进行操作即0分。

/学习任务四/　检查冷却液

任务目标

- 能正确描述冷却液的成分及作用;
- 能掌握选用冷却液的方法;
- 能掌握冷却液检查与更换的方法。

学习重点

- 冷却液的作用及选用方法;
- 检查与更换冷却液。

发动机正常工作时的冷却液温度在 90 ℃ 左右。冷却液温度过高是发动机经常出现的故障。它对发动机各部件均有不良影响：一是会使发动机的进气温度升高，进入气缸的空气密度下降，导致进气量减少，发动机功率降低；二是各运动部件因高温作用而过度膨胀，使原来的配合间隙发生变化，破坏了正常的工作状况；三是会使润滑油变质。发动机润滑油在高温工况工作，其黏度随之下降，性能变差，发动机零部件表面不易形成润滑油膜。同时，金属零件因高温热膨胀较大，零件之间正常配合间隙变小，这些因素都会加速机件磨损，严重影响发动机的使用寿命。

冷却液的主要功能是将发动机工作时产生的热量及时地散发出去。因此，良好的热传导性是对冷却液的基本要求。一般冷却液的更换周期为 4 年左右，但在使用过程中应定期检查冷却液。冷却液的检查是必须要掌握的一项常用技能，检查应在发动机处于常温下进行，这样不但准确，而且安全。

本任务将阐述冷却液的作用，以及发动机冷却液的使用与检查方法，提高学生对冷却液的认识，并通过检查 07 款的丰田卡罗拉汽车冷却液，掌握对汽车冷却液的检查。

【知识准备】

一、冷却液的作用

发动机冷却液的作用主要有防冻、防沸、防腐、防锈及防垢等。

1.防冻

用乙二醇配制的冷却液最低可在 −70 ℃ 环境下使用。市场上销售的冷却液，乙二醇浓度一般保持为 33%～50%，也就是冰点为 −45～−20 ℃，通常根据不同地域的实际情况合理选择冷却液，以满足使用要求，如图 1-21 所示。

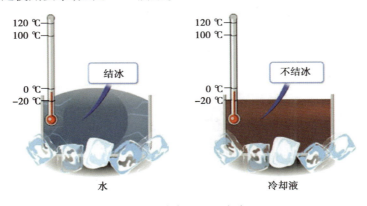

图 1-21　冷却液的防冻作用

2.防沸

加到水中的乙二醇会改变冷却液的沸点。乙二醇浓度越高，冷却液的沸点也就越高。−20 ℃ 时冷却液的沸点为 104.5 ℃，而 −50 ℃ 时沸点达到 108.5 ℃。如果冷却系统采用压力盖，冷却液的实际沸点会更高，即使在炎热的夏天，也能有效地防止冷却液"开锅"，如图 1-22 所示。

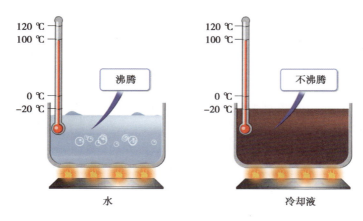

图 1-22　冷却液的防沸作用

3.防腐

冷却液最主要的功能是防腐。腐蚀是一种化学、电化学和侵蚀作用,逐步破坏冷却系统内的金属表面,严重时可使冷却系统的壁穿孔,引起冷却液漏失,导致发动机损坏。使用去离子水及适当的添加剂能防止各种腐蚀的出现,如图 1-23 所示。

4.防锈

锈蚀是由冷却系统内的氧化作用造成的。热量和湿气使锈蚀的过程加速。锈蚀留下的残余物会阻塞冷却系统,加速零件的磨损和降低热传导的效率。冷却液中的添加剂有助于防止冷却系统通道内锈蚀的出现,如图 1-24 所示。

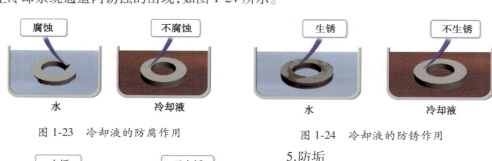

图 1-23　冷却液的防腐作用　　　　　图 1-24　冷却液的防锈作用

5.防垢

水中所含的各种杂质,其中包括金属离子、无机盐等,决定了结垢和沉淀的形成,会大大降低冷却系统的导热效率,在许多情况下会对发动机造成严重损害。冷却液所使用的去离子水,可避免结垢和沉淀的形成,从而保护发动机,如图 1-25 所示。

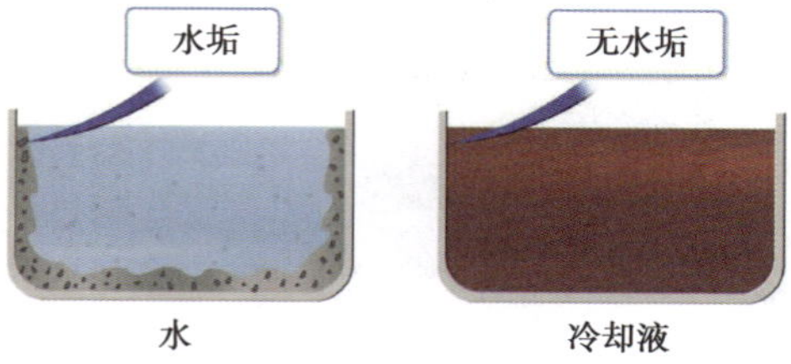

图 1-25　冷却液的防垢作用

二、冷却液的成分

冷却液由水、防冻剂和添加剂 3 个部分组成,如图 1-26 所示。冷却液按防冻剂成分不同,可分为酒精型、甘油型和乙二醇型等。酒精型冷却液是用乙醇(俗称酒精)作防冻剂,优点是价格便宜、流动性好、配制工艺简单,但沸点较低、易蒸发损失、冰点易升高、易燃等,现已逐渐被淘汰。甘油型冷却液沸点高、挥发性小、不易着火、无毒、腐蚀性小,但降低冰点效果不佳、成本高、价格昂贵,用户难以接受,只有少数北欧国家仍在使用。乙二醇型冷却液是用乙二醇作防冻剂,并添加少量抗泡沫、防腐蚀等综合添加剂配制而成的。因乙二醇易溶于水,可任意配成各种冰点的冷却液,其最低冰点可达-68 ℃,这种冷却液具有沸点高、泡沫倾向低、黏温性能好、防腐及防垢等特点,是一种较为理想的冷却液。目前,国内外发动机所使用的和市场上所出售的冷却液几乎都是乙二醇型冷却液。

软水   防冻剂   添加剂

图 1-26   冷却液的成分

三、冷却液的选用

一般使用的冷却液冰点应比当地最低气温低 5～10 ℃。我国各地推荐使用的冷却液冰点见表 1-6。

表 1-6   冷却液的选用级别

级　　别	冰点/℃	使用范围
-25 号	≤-25	长江以北、华北环境最低气温在-15 ℃以上的地区
-35 号	≤-35	东北、西北大部分地区及华北环境最低气温在-25 ℃以上的寒冷地区

冬季冷却液的量一定要合适,不同地区和不同车型应注意冷却液的冰点及型号,使用 2 年以上的冷却液应予更换,混合冷却液使用 1 年必须更换。注意:不同品牌不同型号的产品不要混用。

【任务实施】

按照计划,参照汽车使用手册,进行冷却液的检查。

一、实施方案

1.注意事项

参照厂家的质量标准要求,严格按照安全操作规程进行项目作业,自觉按照文明生产规则和环境保护要求进行拆装与检测。在满足厂家的生产规范和质量要求的前提下,能熟练、快速地对冷却液进行检查。发动机在热机状态时,千万不要打开散热器盖,否则可能会被溅出的冷却液或高温蒸汽烫伤。检查过程中,必须佩戴保护手套,防止烫伤。检查时,双手远离散热器风扇和排气歧管处,防止烫伤。

2.组织方式

每4位同学一组,完成07款卡罗拉1.6L/AT发动机冷却液的检查与更换,并按照企业岗位操作规范进行作业。

3.作业准备

· 技术要求与标准:拆卸冷却水箱盖时,需要使发动机处于冷机状态。

· 设备器材:如图1-27所示。

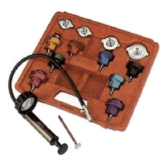

常用工具（1套）　　　　泄漏检测仪

图1-27　设备器材

· 场地设施:消防设施的场地。

· 设备设施:07款卡罗拉1.6L/AT轿车1辆,举升机,发动机台架,以及工具车、零件车、垃圾桶。

· 耗材:干净抹布、泡沫清洗剂。

二、操作步骤

1.检查发动机冷却液

（1）检查冷却液质量和液位

检查冷却液是否变质(变色或变脏),如果冷却液质量明显不佳,则更换冷却液。目测检查冷却液液位是否在规定范围内。发动机在冷机状态时,发动机冷却液液位应在LOW刻度线和FULL刻度线之间,如图1-28所示。

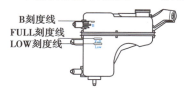

B刻度线
FULL刻度线
LOW刻度线

图1-28　冷却液液位刻度线

☆ **注意事项**

如果发动机冷却液液位低于LOW刻度线,应添加"丰田超长效冷却液（SLLC）"到FULL刻度线。

（2）检查冷却液有无泄漏

①发动机运转前的渗漏检查

a.依次用手按捏冷却系统各连接软管，检查有无老化龟裂等现象，如图1-29所示。

b.目视检查发动机气缸盖衬垫周边，冷却液加注口及盖处，节气门冷却液循环软管接口处，节温器连接软管处，冷却储液罐表面、盖及连接软管处，以及暖气水箱管路接口处，检查冷却液有无渗漏迹象。检查各管路表面是否有老化龟裂等现象，如图1-30所示。

图1-29　检查冷却系统管路有无老化龟裂等现象

图1-30　检查软管接口

☆ **注意事项**

　　检查时，应防止检查部位附近的线束和部件被无意损坏。确认渗漏和泄漏点，并加以记录。

c.检查散热器表面是否有渗漏现象，如图1-31所示。

②发动机运转时的渗漏检查

a.根据维修手册规定，选择汽车故障电脑诊断仪，如图1-32所示。

图1-31　检查散热器是否渗漏

图1-32　汽车故障电脑诊断仪

b.检查挡位是否处于P挡或空挡，驻车制动器是否处于制动状态，如图1-33所示。

c.打开车辆诊断接口盖，将汽车故障电脑诊断仪连接到DLC3，如图1-34所示。

图1-33　换挡杆位于"P"挡位置

图1-34　汽车故障电脑诊断仪连接到DLC3

　　d.将点火开关打在ON位置,开启汽车故障电脑诊断仪。起动发动机,保持怠速运转片刻,然后提高发动机转速,观察水温温度,如图1-35所示。

　　e.当水温上升至正常温度80～95 ℃时,打开暖风开关至高挡位,在发动机进一步运转前,进行渗漏检查,关闭点火开关,使发动机熄火,如图1-36所示。

图1-35　观察水温温度

图1-36　打开暖风开关至高挡位

☆ **注意事项**

　　发动机起动后,使用诊断仪实时观察发动机冷却液温度的变化,直至达到正常温度。

　　检查过程中,必须佩戴保护手套,防止烫伤。

　　检查时,双手远离散热器风扇和排气歧管处,防止烫伤。

　　③散热器表面的渗漏检查

　　a.检查散热器的内侧表面及散热片的连接处有无冷却液渗漏现象,如图1-37所示。

　　b.检查散热器进出软管接口处有无冷却液渗漏现象,如图1-38所示。

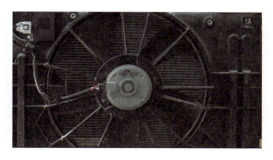

图 1-37　散热器内侧表面及散热片的连接处

图 1-38　散热器进出软管接口处

☆ **注意事项**

　　若存在渗漏现象但不明显,首先清洁被检查部位表面,然后起动发动机,并提高转速,运行一定时间后熄火。

　　用干净的纸巾擦拭待检查部位的表面,如纸巾上有水渍,确认该部位存在渗漏。

　　检查过程中,应佩戴保护手套、护目镜,防止烫伤。

（3）加压检查冷却液是否泄漏

①向散热器总成中注满发动机冷却液,然后连接泄漏检测仪,如图 1-39 所示。

②泵压至 108 kPa,然后检查并确认压力没有降低。如果压力下降,则检查软管、散热器总成和水泵总成是否泄漏,如图 1-40 所示。

图 1-39　检查并确认冷却液液位规定范围

图 1-40　连接泄漏检测仪

　　如果发动机外部没有冷却液泄漏痕迹,则检查加热器芯、气缸体和气缸盖,如图 1-41 所示。

图 1-41　泵压至 108 kPa,检查压力是否下降

☆ **注意事项**

　　为避免烫伤,不要在发动机和散热器总成仍然很烫时拆下散热器储液罐盖分总成。

【任务小结】

1.冷却液的成分

冷却液由水、防冻剂和添加剂 3 个部分组成。冷却液按防冻剂成分不同,可分为酒精型、甘油型和乙二醇型等。

2.发动机冷却液的作用

发动机冷却液的作用主要有防冻、防沸、防腐、防锈及防垢等。

3.检查与更换冷却液的主要步骤

①排净发动机冷却液。

②添加发动机冷却液。

③检查冷却液是否泄漏。

【测试练习】

一、判断题

1.特殊情况下可用水代替发动机冷却液。　　　　　　　　　　　　　　　(　　)

2.发动机在冷机状态时,发动机冷却液液位应在 LOW 刻度线和 FULL 刻度线之间。

　　　　　　　　　　　　　　　　　　　　　　　　　　　　　　　　(　　)

二、单选题

冷却液的正常工作温度为(　　　)℃。

A.70～90　　　　　　　B.80～95　　　　　　　C.85～100　　　　　　　D.90～105

【任务评价】

本任务的任务评价见表 1-7。

表 1-7　任务评价表

序　号	内　容	分　值	得　分
1	检查冷却液质量和液位	20	
2	检查发动机运转前冷却液是否泄漏	20	
3	检查发动机运转时冷却液是否泄漏	20	
4	检查散热器表面是否有冷却液泄漏	10	
5	加压检查冷却液是否泄漏	20	
6	检查车辆运行是否正常	10	
总　　分		100	

注:操作规范即得分,操作错误或未进行操作即 0 分。

【学习任务拓展】

在发动机工作期间,气缸内最高燃烧温度可能高达 2 500 ℃,即使发动机在怠速或中等转速下,燃烧室的平均温度也在 1 000 ℃以上。因此,与高温燃气接触的发动机零件会受到强烈的加热。这种情况下,若不进行适当的冷却,发动机将会过热,工作过程恶化,零件强度降低,机油变质,零件磨损加剧,最终导致发动机动力性、经济性、排气净化性、可靠性及耐久性全面下降。但发动机冷却过度也是有害的,过度冷却会使发动机长时间在低温下工作,会使散热损失及摩擦损失增加,零件磨损加剧,排放恶化,发动机工作不平稳,发动机功率下降及燃油消耗率增加。可见,冷却系统既要防止发动机过热,也要防止冬季发动机过冷。在发动机冷起动之后,冷却系统还要保证发动机迅速升温,以尽快达到正常的工作温度。发动机的冷却系统如图 1-42 所示。

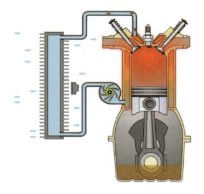

图 1-42　发动机的冷却系统

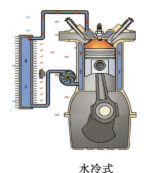

水冷式

风冷式

图 1-43　冷却系统的类型

一、冷却系统的类型

发动机的冷却系统有两种类型:水冷系统和风冷系统,如图 1-43 所示。以空气为冷却介质的冷却系统,称为风冷系统;以冷却液为冷却介质的冷却系统,称为水冷系统。汽车发动机,尤其是轿车发动机大都采用水冷系统,只有少数汽车发动机采用风冷系统。汽车发动机的水冷系统均为强制循环水冷系统,即利用水泵提高冷却液的压力,强制冷却液在发动机中循环流动（冷却液工作温度一般为 80~105 ℃）。

二、水冷系统的组成和工作过程

水冷系统由散热器、水泵、冷却风扇、溢流管及节温器等组成,如图 1-44 所示。

冷却液的流通路线为散热器中的冷却液经水泵抽吸进入气缸体的水套,再由缸体流向散热器,形成冷却液的循环。冷却液的循环路线分大循环和小循环,如图 1-45 所示。

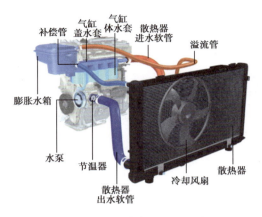

图 1-44 冷却系统的组成

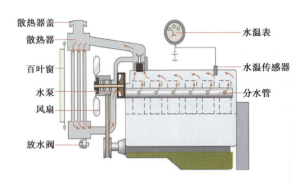

图 1-45 水冷系统的工作过程

当发动机处于预热等低温状态时,节温器使流经气缸水套的冷却液不经散热器直接进入水泵后流入气缸体,起加速升温的作用,这样的循环过程称为小循环,如图 1-46 所示。

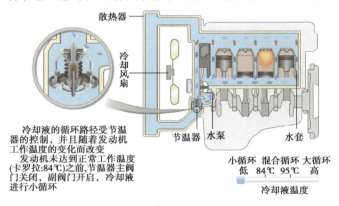

图 1-46 水冷系统的小循环

当发动机处于高温状态时,节温器使流经气缸的冷却液全部流入散热器,提高散热效果,这样的循环过程称为大循环,如图 1-47 所示。

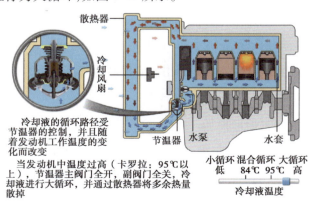

图 1-47 水冷系统的大循环

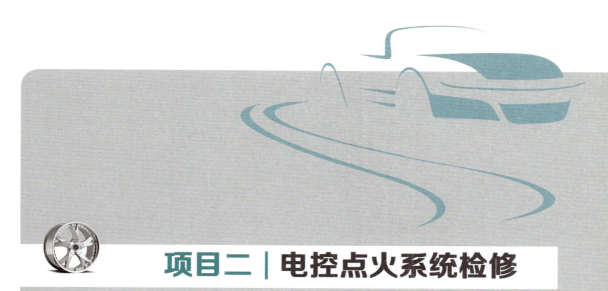

项目二｜电控点火系统检修

点火系统是汽油发动机的重要组成部分。点火系统的性能良好与否对发动机的功率、油耗和排气污染等影响很大。如果点火系统发生故障，就会影响发动机的动力性、经济性和排气净化性等，甚至会导致发动机不能工作。

本项目主要通过对 07 款卡罗拉点火系统的检修作业，使学生认识点火系统的组成，并掌握点火系统故障的排除方法。点火系统组成如图 2-1 所示。

学习目标：

- 了解安全操作要求，养成安全文明操作的习惯；
- 养成组员之间互相协作的习惯；
- 实施操作结束后，清洁工具，并将工具设备归位，清洁场地；
- 依据汽车维修操作要求，熟练、规范地对点火系统进行检测和零部件更换；
- 依据汽车维修操作要求，熟练、规范地完成火花塞的检查；
- 能描述电控点火系统各组成部件之间相互协调的工作过程。

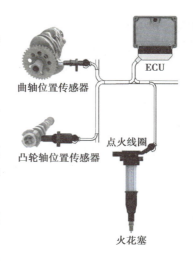

图 2-1　点火系统组成

<h1 style="text-align:center">／学习任务／ 检修火花塞</h1>

任务目标

- 能描述火花塞的功用；
- 能完整地罗列出 5 种火花塞常见故障；
- 依据汽车维修操作要求，能在 25 min 内顺利完成对火花塞的检修。

学习重点

- 火花塞的检修。

在汽车保养时，应多关注火花塞的状况，性能优良的火花塞可提高车辆动力性能。通常情况下，火花塞的使用寿命为 15 000 km，长效火花塞的使用寿命也不超过 30 000 km。然而，不少车主的火花塞常常出现各种问题，达不到其正常使用寿命。

其实，火花塞的工作温度是相当高的。发动机正常运转时，火花塞绝缘体裙部的温度一般保持为 500~600 ℃。温度过高或过低对火花塞影响都不好。在火花塞温度过低的情况下，火花塞上的绝缘体容易积炭，最终引起漏电以致产生缺火现象。如果火花塞工作温度过高，容易引起早燃和发动机爆震。火花塞出现的常见故障归纳为两种：一种为火花塞严重烧蚀，另一种为火花塞上有沉积物。

本任务将阐述火花塞的结构与原理，以及发动机火花塞的使用与检查方法，提高学生对火花塞的认识，并通过检修 07 款的丰田卡罗拉汽车火花塞，掌握对汽车火花塞的检修。

【知识准备】

一、火花塞的结构

火花塞的功用是将点火线圈产生的脉冲高电压引入燃烧室，并在其两电极之间产生电火花，以点燃可燃混合气。

火花塞连接在点火线圈次级绕组末端。它主要由陶瓷绝缘体、接线螺杆、接线螺母、中心电极及侧电极等组成，如图 2-2 所示。钢质的火花塞壳体内部固定有陶瓷绝缘体，绝缘体中心孔上部有金属接线螺杆，接线螺杆上端有接线螺母，用来接高压导线；绝缘体下部有中心电极。

二、火花塞的常见故障

发动机运转过程中，火花塞除了承受较大的电负荷外，还与高温、高压燃气直接接触，且

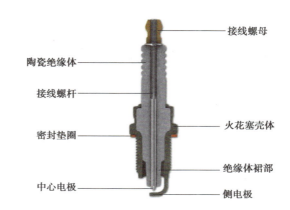

接线螺母

陶瓷绝缘体

接线螺杆

密封垫圈

中心电极

火花塞壳体

绝缘体裙部

侧电极

图 2-2　火花塞剖面图

受到燃烧产物的强烈腐蚀。正常情况下,火花塞绝缘体端部呈浅褐(灰)色,表面没有燃油或机油沉积物,说明热值正确且点火正常。因火花塞属于汽车易损件消耗用品,并且受燃油品质、自身工艺质量、工作环境等影响,故使用中故障率较高。现列举其常见的几种故障:积炭、机油油污、积灰、爆震和瓷件大头爬电。

1.积炭

• 现象:火花塞上有松软、乌黑的沉积物,表明有积炭,如图 2-3 所示。

• 原因:

①可燃混合气比例不正确、空气滤清器堵塞等造成的混合气过浓。

②发动机温度过低,燃烧不完全。

③燃油质量太低或变质,燃烧不正常。

④火花塞太冷,热值太低。

• 后果:积炭是可以导电的,可能造成火花塞失火。

图 2-3　火花塞积炭

2.机油油污

• 现象:火花塞电极和内部出现油性沉积物,表明机油进入燃烧室内,如图 2-4 所示。

• 原因:个别火花塞上有油性沉积物,可能是气门杆油封损坏造成的;各个缸体的火花塞都粘有这种沉积物,则说明气缸蹿油。空气滤清器和通风装置堵塞气缸极易出现蹿油。

图 2-4　火花塞上有油性沉积物

• 后果:机油沉积物覆盖火花塞会使火花塞无法通过间隙跳火,而是通过机油从更短的路径跳火到侧电极。

3.积灰

● 现象：火花塞中心电极及侧电极表面覆盖有浅褐色沉积物，如图2-5所示。

● 原因：积灰是因过多的机油添加剂引起的。积灰若只出现在火花塞一侧，说明发动机上部磨损严重。积灰包围电极，说明发动机下部磨损严重。

图2-5　火花塞积灰

● 后果：积灰可引起自点火，造成功率损失或损坏发动机。

4.爆震

● 现象：绝缘体顶端破裂，如图2-6所示。

● 原因：爆震燃烧是绝缘体破裂的主要原因。点火时刻过早、汽油辛烷值低和燃烧室内温度过高都可导致发动机爆震燃烧。

● 后果：相同的振动也会损坏其他发动机零部件，如活塞和气门。

图2-6　火花塞爆震

5.瓷件大头爬电

● 现象：绝缘体上出现垂直于铁壳方向黑色燃烧痕迹，如图2-7所示。

● 原因：因安装不当或火花塞连接线套老化，导致点火高压沿着瓷体外部闪络接地。

● 后果：导致发动机失火。

因此，检修火花塞对判断发动机运转情况尤为重要。其检修内容主要包括检查电火花、检查火花塞电极、检查火花塞电极间隙（中心电极和侧电极的空气间隙）。

图2-7　火花塞瓷件
大头爬电

【任务实施】

按照计划，参考汽车使用手册，进行火花塞的检修。

一、实施方案

1.注意事项

参照厂家的质量标准要求，严格按照安全操作规程进行项目作业，自觉按照文明生产规则和环境保护要求进行拆装与检测，在满足厂家的生产规范和质量要求的前提下，能熟练、快速地对火花塞进行检修。拆卸火花塞之前，要检查火花塞套筒橡胶是否损坏，火花塞套筒必须与火花塞中心对正。

2.组织方式

每4位同学一组，检修卡罗拉车上的点火线圈和火花塞，并按照企业岗位操作规范进行作业。每组作业时间为 25 min。

3.作业准备

●技术要求与标准：见表 2-1。

表 2-1　技术要求与标准

检测内容	检查端子	标准值
点火线圈电压	B26-1（+B）与 B26-4（GND）	9～14 V
	B27-1（+B）与 B27-4（GND）	
	B28-1（+B）与 B28-4（GND）	
	B29-1（+B）与 B29-4（GND）	
火花塞电极间隙		1.0～1.1 mm

●设备器材：如图 2-8 所示。

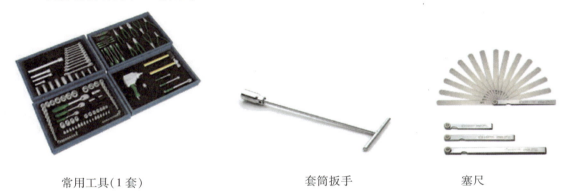

常用工具（1 套）　　　　套筒扳手　　　　塞尺

图 2-8　设备器材

●场地设施：消防设施的场地。

●设备设施：卡罗拉轿车 1 辆、汽车电脑故障诊断仪 1 台,示波器 1 台,以及工具车、零件车、垃圾桶等。

●耗材：干净抹布、泡沫清洗剂等。

二、操作步骤

1.检测火花塞

（1）火花测试

①断开点火线圈线束连接器,从气缸盖上拆下点火线圈,如图 2-9 所示。

②使用火花塞套筒扳手拆下火花塞,如图 2-10 所示。

图 2-9　拆下点火线圈

图 2-10　拆下火花塞

☆ **注意事项**

拆卸火花塞之前,要检查火花塞套筒橡胶是否损坏。
火花塞套筒必须与火花塞中心对正。

③断开 4 个喷油器连接器。

④用火花塞钳子夹持火花塞,放置于气缸盖上。

⑤起动发动机但持续时间不超过 2 s,并检查火花正常状态下电极间隙间跳火。

☆ **注意事项**

不要使发动机起动超过 2 s。

（2）检测火花塞电极间隙

使用塞尺测量火花塞电极间隙,如图 2-11 所示。记录检测数据,并与检测火花塞电极间隙标准数据进行比对,见表 2-2。

表 2-2　火花塞电极间隙标准数据

检查内容	标准值
火花塞电极间隙	1.0～1.1 mm

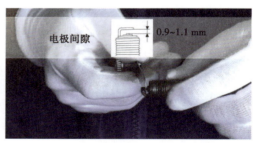

图 2-11　测量火花塞间隙

☆ **注意事项**

如果电极间隙大于标准值,应更换火花塞,不要调整电极间隙。

（3）检测火花塞外观

①目视检查点火线圈与火花塞套接处是否生锈、烧蚀或损坏，如图2-12所示。

②检查点火线圈连接器是否变形、损坏或锈蚀，如图2-13所示。

图2-12　目视检查点火线圈及火花塞套接处

图2-13　目视检查点火线圈连接器

③检查火花塞螺纹是否完好，陶瓷是否有裂纹，如图2-14所示。

④检查火花塞与点火线圈套接部位是否锈蚀或烧蚀，如图2-15所示。

图2-14　目视检查火花塞螺纹

图2-15　目视检查火花塞与点火线圈套接处

⑤检查火花塞电极状况是否正常。若火花塞电极部分的颜色不正常，则根据规定进行清洁或更换；若火花塞烧蚀严重，则必须更换火花塞，如图2-16所示。

2.任务检查

起动车辆，检查车辆行驶是否正常，检查车辆故障是否消失。

图2-16　目视检查火花塞电极

【任务小结】

1.火花塞

火花塞的主要功用是将点火线圈产生的脉冲高电压引入发动机气缸，并在火花塞两电极之间产生电火花，以点燃可燃混合气。其常见故障有积炭、机油油污、积灰、爆震和瓷件大头爬电。

2.检测火花塞的步骤

①火花测试。

②检测火花塞电极间隙。

③检测火花塞外观。

【测试练习】

一、判断题

火花塞连接在点火线圈次级绕组末端。 （ ）

二、单选题

1.点火模块接收（ ）的点火控制信号，当点火模块接收到点火指令时，点火控制器三极管导通，初级电流流过初级绕组产生磁场。

    A.ECU   B.初级线圈   C.火花塞   D.次级线圈

2.火花塞主要由陶瓷绝缘体、接线螺杆、接线螺母、中心电极及（ ）等组成。

    A.密封圈   B.连接器   C.塑料壳   D.侧电极

【任务评价】

本任务的任务评价见表2-3。

表2-3　任务评价表

序　号	内　　容	分　值	得　分
1	火花测试	25	
2	检测火花塞电极间隙	25	
3	检测火花塞外观	25	
4	检车车辆起动是否正常，车辆故障是否消失	25	
总　　分		100	

注:操作规范即得分,操作错误或未进行操作即0分。

【学习任务拓展】

1.光电式曲轴位置传感器

光电式曲轴位置传感器一般装在分电器内,由信号发生器和带光孔的信号盘等组成,如图2-17所示。

当发光二极管的光束照射到光敏二极管上时,光敏二极管感光而导通并产生电压,如图2-18所示;当发光二极管的光束被遮挡时,光敏二极管截止,产生电压为零,如图2-19所示。

2.非共振型压电式爆震传感器

在发动机振动时,非共振型压电式爆震传感器内部配重因受振动的影响而产生加速度,又因质量原因而产生惯性力,惯性力作用在压电元件上,压电元件受压产生压力信号,经滤波器过滤后把电压信号输送给 ECU,如图 2-20 和图 2-21 所示。

这种传感器的感测频率范围设计成由零至数十 kHz,可检测具有很宽频带的发动机振动频率。用于不同发动机上时,只需调整滤波器的过滤频率,而不需更换传感器,此为非共振型压电式爆震传感器的突出优点。

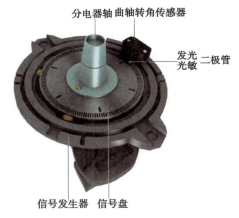

图 2-17　光电式曲轴位置传感器的结构

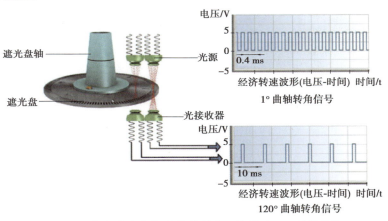

图 2-18　光电式曲轴位置传感器的工作原理——经济转速

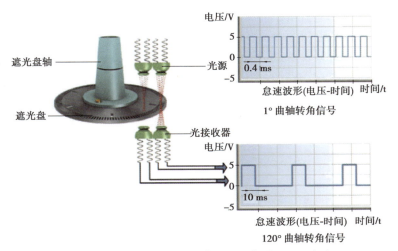

图 2-19　光电式曲轴位置传感器的工作原理——怠速

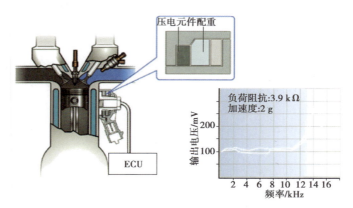

图 2-20　非共振型压电式爆震传感器的工作原理——发动机频率高

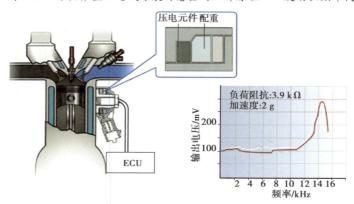

图 2-21　非共振型压电式爆震传感器工作原理——发动机频率低

3.点火正时控制

点火系统根据发动机的转速和负荷控制点火正时,以使最大燃烧爆发力发生在压缩上止点后 10°,热能可最有效地转化为推动力。但是,由于发动机不能在点火的瞬间产生最大爆发力,因此,点火时刻应有所提前。

(1)点火提前角控制

在活塞上行过程中,从火花塞开始点火到活塞运动到压缩上止点这段时间曲轴所转过的角度,称为点火提前角。适当的点火提前角能有效地改善燃油消耗率、发动机功率以及有害气体的排放。

点火提前角控制即点火正时控制,发动机 ECU 根据记忆中存储的最佳点火正时与发动机工况相对应的情况下,计算出点火正时,并将点火信号传送给点火器。最佳点火正时主要由发动机转速和进气量(质量空气流量计)决定。

(2)爆震控制

爆震是由燃烧室中的空气-燃油混合气自燃(炽热点火)导致的。点火被提前时,更易于产生爆震。过度爆震会对发动机性能产生负影响,如燃油消耗率差,动力下降。相反,轻微的爆震可改善燃油消耗率和动力性。

当爆震传感器检测到爆震时,ECM 将延迟点火正时;当检测不到爆震时,会提前点火正时至程序设定的角度。通过防止发动机产生爆震,可改善燃油消耗率和动力性。

项目三 | 润滑系统检修

润滑系统是发动机的重要辅助系统之一，具有润滑、清洁、冷却、密封及防腐等五大作用。它工作的可靠与否直接影响发动机的性能和使用寿命。

汽车在使用过程中，润滑系统的技术状况会慢慢变差，具体主要表现在机油品质变坏、机油压力偏离正常值、零部件的磨损，严重的润滑系统故障还会出现烧坏轴瓦等现象，使发动机失去工作能力。

本项目主要通过分析 07 款卡罗拉 1.6L/AT 轿车润滑系统组件的损伤形式，对其组件进行检查并做相应更换，使学生掌握发动机润滑系统的检修方法。润滑系统如图 3-1 所示。

图 3-1　润滑系统

学习目标：

- 了解安全操作要求，养成安全文明操作的习惯；
- 养成组员之间互相协作的习惯；
- 实施操作结束后，清洁工具，并将工具设备归位，清洁场地；
- 根据技术标准对润滑系统主要部件进行检修；
- 能描述润滑系统组件常见损伤形式及成因；
- 能阐述润滑系统各部件的检测要点。

/学习任务一/ 检查与更换机油

任务目标

- 能正确描述机油的标号和分级;
- 能正确描述机油滤清器的安装位置和组成;
- 依据厂商规定的技术标准及规范操作要求,完成机油及机油滤清器的更换作业。

学习重点

- 机油的标号及机油滤清器的工作原理;
- 机油及机油滤清器的更换作业。

机油是人们在用车过程中经常听到的词,但你真正了解它吗?大多有车一族了解机油都是通过保养时4S店提出更换需求后,才对其关注的。机油即为发动机润滑油,在发动机运行过程中内部众多金属表面会相互摩擦,其运转速度快、温度高,这时机油就会在其中起到降低发动机零件磨损的作用,同时延长使用寿命。稍微对汽车有一些了解的人都知道,机油的保养对于汽车来说十分重要。如果拿发动机比作心脏,那么,机油就是让心脏正常运行的血液,故机油的健康与更换在用车生活中尤为重要,它在发动机运行过程中起着润滑、防锈、清洁等作用,保护着发动机及其各部件。因此,了解机油的检查、更换等知识显得尤为必要。

本任务将阐述润滑系统的组成与工作原理,以及发动机机油的使用与检查方法,提高学生对机油的认识,并通过检查与更换07款的丰田卡罗拉汽车机油,掌握对汽车机油的检查与更换。

【知识准备】

一、机油

机油即发动机润滑油,被誉为汽车的"血液",能对发动机起到润滑、清洁、冷却、密封及防锈等作用。发动机内有许多相互摩擦运动的金属表面,这些部件运动速度快、环境差、工作温度高(400~600 ℃)。在这样恶劣的工况下,只有合格的机油才可降低发动机零件的磨损,延长使用寿命。

1.机油的标号

机油的黏度多使用SAE等级别标识,SAE是英文"美国汽车工程师协会"的缩写。例如,SAE15W-40,SAE5W-40,其中"W"表示Winter(冬季),其前面的数字越小说明机油的低温流动性越好,代表可供使用的环境温度越低,在冷起动时对发动机的保护能力越好;"W-"后面的数字则是机油耐高温性的指标,数值越大说明机油在高温下的保护性能越好,如图3-2所示。

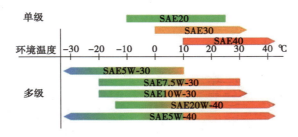

图 3-2 机油的标号

2.机油的分级

机油的分级多使用 API 等级别标识,API 是英文"美国石油协会"的缩写。"S"开头系列代表汽油发动机用油,规格有 SA,SB,SC,SD,SE,SF,SG,SH,SJ,SL,SM。"C"开头系列代表柴油发动机用油,规格有 CA,CB,CC,CD,CE,CF,CF-2,CF-4,CG-4,CH-4,CI-4。当"S"和"C"两个字母同时存在,则表示此机油为汽/柴通用型。从"SA"到"SM",每递增一个字母,机油的性能都会优于前一种,机油中会有更多用来保护发动机的添加剂。字母越靠后,质量等级越高。

二、机油滤清器

1.机油滤清器的结构

机油滤清器安装在正时链条盖下部。它主要由上盖、壳体、滤芯、内孔管及安全阀等组成,如图3-3所示。

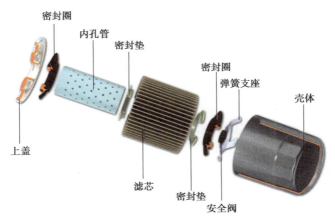

图 3-3 机油滤清器的组成

2.机油滤清器的工作原理

机油滤清器可滤除机油中的杂物、胶油和水分,向各润滑部件输送洁净的机油。当带有杂质的机油从纸滤芯的外围进入滤清器中心时,杂质被过滤在滤芯上,当滤芯严重堵塞时,旁通阀开启,机油不经过滤芯过滤直接进入主油道,防止机油断供现象的发生,如图3-4所示。

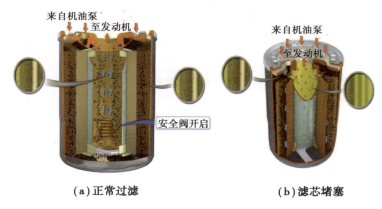

（a）正常过滤　　　　　　　（b）滤芯堵塞

图3-4　机油滤清器的工作原理

【任务实施】

按照计划,参考汽车使用手册,检查、更换机油。

一、实施方案

1.注意事项

参照厂家的质量标准要求,严格按照安全操作规程进行项目作业,自觉按照文明生产规则和环境保护要求进行拆装与检测,在满足厂家的生产规范和质量要求的前提下,能熟练、快速地对机油进行检查与更换。排放机油时,注意机油不要流到手上,以免烫伤手。废机油中有多种有害物质,不要长时间接触。

2.组织方式

每4位同学一组,检修并更换07款卡罗拉1.6L/AT车上的机油及机油滤清器,并按照企业岗位操作规范进行作业。

3.作业准备

● 技术要求与标准:见表3-1和表3-2。

表3-1　07款卡罗拉1ZR发动机使用的机油规格

机油等级	机油黏度（SAE）
API SL级节能型	5W-20
API SM级节能型	5W-30

续表

机油等级	机油黏度（SAE）
ILSAC 多级发动机机油	10W-30
API SL 级	15W-40
API SM 级	20W-50

表 3-2　07 款卡罗拉 1ZR 发动机的机油用量/L

机油滤清器更换时放空后的重新加注量	滤清器不更换时放空后的重新加注量	净注入量
4.2	3.9	4.7

- 设备器材：如图 3-5 所示。

常用工具（1 套）　　　　机油滤清器专用工具：SST09228-06501　　　　机油收集器

图 3-5　设备器材

- 场地设施：消防设施的场地。
- 设备设施：07 款卡罗拉 1.6L／AT 轿车 1 辆，以及举升机、工具车、零件车、垃圾桶。
- 耗材：干净抹布、泡沫清洗剂。

二、操作步骤

1.检查机油液位和机油质量

（1）检查机油液位

①发动机暖机，然后停机并等待 5 min。

②检查并确认发动机机油油位是否在油标尺的最低油位和最高位标记之间，如图 3-6 所示。

☆ **注意事项**

如果机油液位太低,检查是否漏油,并加注机油至标尺最高油位标记处。

加注不要超过最高油位标记处。

(2)检查机油质量

检查机油是否变质、变色或变稀,以及油中是否进水。如果机油质量明显不佳,则更换机油,同时更换机油滤清器,如图3-7所示。

是否变质、变色或变稀,以及油中有无杂物

图3-6　检查机油液位　　　　　　　　　图3-7　检查机油质量

2.更换机油和机油滤清器

(1)排空发动机机油

①拆下机油加注口盖,如图3-8所示。

②使用套筒、棘轮扳手扭松放油螺塞,在放油螺塞正下方放置机油收集容器,再用手轻旋下放油螺塞,将机油排放到放置的机油收集容器中,如图3-9所示。

图3-8　拆下机油加注口盖　　　　　　　图3-9　排放机油

☆ **注意事项**

排放机油时,注意机油不要流到手上,以免烫伤手。

废机油中有多种有害物质,不要长时间接触。

③清洗放油螺塞,并用新衬垫加以安装,安装扭矩为37 N·m,如图3-10所示。

图 3-10　安装放油螺栓衬垫

④清洁放油螺塞处的油污,如图 3-11 所示。

（2）拆卸机油滤清器分总成

用棘轮扳手和机油滤清器专用工具拆下机油滤清器,如图 3-12 所示。

图 3-11　清洁放油螺塞处的油污

图 3-12　拆卸机油滤清器

（3）安装机油滤清器分总成

①检查并清洗机油滤清器的安装面。将残留在机油滤清器座上的机油擦拭干净,如图 3-13 所示。

②更换新的机油滤清器前,检查是否损伤和变形,在新机油滤清器衬垫上涂抹一层干净的发动机机油,如图 3-14 所示。

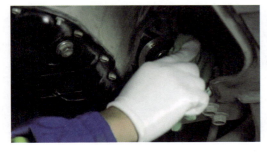

图 3-13　清洗机油滤清器的安装面

图 3-14　涂抹干净的机油

☆ **注意事项**

　　更换新的机油滤清器前,需注意检查是否存在损坏变形。

　　③用手将机油滤清器轻轻地旋到位并拧紧,直到衬垫开始接触机油滤清器底座,如图3-15所示。

　　④使用定扭扳手和机油滤清器专用工具紧固机油滤清器,扭矩为18 N·m,如图3-16所示。

图 3-15　安装机油滤清器

图 3-16　紧固机油滤清器

☆ **注意事项**

　　安装好机油滤清器之后,要注意清洁其表面。

　　要对机油收集容器中的机油进行环保处理。

　　(4)加注发动机机油

　　①加注新的发动机机油至规定油平面高度(按原厂规定加注4.2 L机油),如图3-17所示。

　　②盖上并拧紧机油加注口盖,并检查机油液位。

　　(5)检查机油是否泄漏

　　①汽车空挡状态下起动发动机,轻踩油门,如图3-18所示。

　　②用干净的抹布擦拭放油螺塞和机油滤清器之间的缝隙处,查看是否存在机油泄漏现象,如图3-19所示。

图 3-17　加注发动机机油

图 3-18　起动发动机

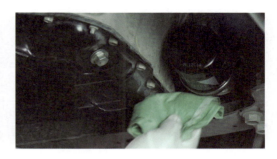

图 3-19　检查泄漏

（6）复查发动机机油液位

参见检查发动机机油液位的操作步骤。

【任务小结】

1.机油的黏度

机油的黏度多使用 SAE 等级别标识,机油的分级多使用 API 等级别标识。

2.机油滤清器的结构与工作原理

机油滤清器安装在正时链条盖下部。它主要由上盖、壳体、滤芯、内孔管及安全阀等组成。它可滤除机油中的杂物、胶油和水分,向各润滑部件输送洁净的机油。当带有杂质的机油从纸滤芯的外围进入滤清器中心时,杂质被过滤在滤芯上,当滤芯严重堵塞时,旁通阀开启,机油不经过滤芯过滤直接进入主油道,防止机油断供现象的发生。

3.更换机油和机油滤清器

①排空发动机机油。

②拆卸机油滤清器分总成。

③安装机油滤清器分总成。

④加注发动机机油。

⑤检查机油是否泄漏。

⑥复查发动机机油液位。

【测试练习】

一、判断题

1.机油不能低于标尺低油位,但可以高于标尺满油位。　　　　　　　　　（　　　）

2.使用定扭扳手和机油滤清器专用工具紧固机油滤清器的扭矩为 18 N·m。　（　　　）

二、单选题

1.07 款卡罗拉 1.6L/AT 车的油底壳放油螺塞的安装扭矩为（　　　）N·m。

　　A.36　　　　　　　　B.37　　　　　　　　C.38　　　　　　　　D.39

2.07 款卡罗拉 1.6L/AT 车的机油滤清器不更换,放空机油后需加注机油（　　　）L。

　　A.4.2　　　　　　　B.3.7　　　　　　　C.3.9　　　　　　　D.4.7

【任务评价】

本任务的任务评价见表 3-3。

表 3-3　任务评价表

序　号	内　　容	分　值	得　分
1	发动机暖机后,停机并等待 5 min	10	
2	规范检查机油液位和机油质量	10	
3	规范排放机油至机油收集容器中	10	
4	规范更换新的放油螺栓衬垫	10	
5	规范使用棘轮扳手和机油滤清器专用工具拆下机油滤清器	10	
6	规范检查并清洗机油滤清器的安装面	10	
7	更换时在新机油滤清器衬垫上涂抹一层干净的发动机机油	10	
8	规范使用定扭扳手和专用工具紧固机油滤清器,扭矩为 18 N·m	10	
9	规范加注新的发动机机油至规定油平面高度	10	
10	规范检查机油是否泄漏	5	
11	复查发动机机油液位	5	
总　　分		100	

注:操作规范即得分,操作错误或未进行操作即 0 分。

学习任务二 / 检修机油泵

任务目标

- 能熟知转子式机油泵的结构与原理;
- 能正确描述转子式机油泵的损伤形式及成因;
- 依据厂商规定的技术标准及规范操作要求,完成机油泵的拆装更换作业。

学习重点

- 转子式机油泵的结构与原理;
- 机油泵的拆装更换作业。

　　发动机的润滑系统大都采用压力供油系统,由油泵将机油送到发动机需要润滑的各部位处。储存在油底壳内的油由油泵抽取,使之通过机油滤清器。油从机油滤清器通过油道送出,将发动机内部的各种零件加以润滑。润滑零件以后,机油在重力作用下返回油底壳。压力供油系统的主要优点是能使零件可靠地润滑。

　　发动机在运转中,机油泵的技术状况好坏对发动机润滑系统有着重要的影响。如果机油泵出现故障,将使发动机润滑系统不能正常工作。

　　本任务将阐述机油泵的结构与原理,以及发动机机油泵的使用与检查方法,提高学生对机油泵的认识,并通过检修 07 款的丰田卡罗拉汽车机油泵,掌握对汽车机油泵的检修。

【知识准备】

　　机油泵结构形式可分为齿轮式和转子式两类,如图 3-20 所示。1ZR-FE 发动机使用的是转子式机油泵。

(a)齿轮式机油泵　　　　　　(b)转子式机油泵

图 3-20　机油泵的常见类型

一、转子式机油泵的组成及工作原理

　　转子式机油泵主要由内转子、外转子、壳体、机油泵盖及限压阀等零件组成,如图 3-21 所示。

　　转子式机油泵的内转子带动外转子转动,并且转速快于外转子。内外转子之间形成 4 个互相封闭的工作腔,每个工作腔在最小时与壳体上的进油孔接通,随后容积变大,形成真空,吸入机油;转子继续转动,工作腔容积变小,油压升高,当工作腔与出油孔接通时,压出机油,如图 3-22 所示。

二、机油泵的常见损伤形式及成因

　　机油泵的主要损伤形式是零件的磨损所造成的泄漏,使泵油压力降低和泵油量减少。机油泵的端面间隙、啮合间隙以及外转子与泵壳之间间隙的增大,各处密封性和限压阀的调整都将影响泵油量和泵油压力。因机油泵工作时润滑条件好,零件磨损速度慢,使用寿命

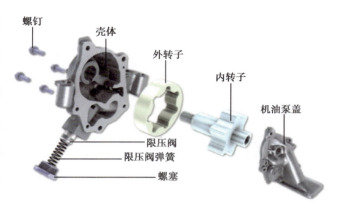

图 3-21 转子式机油泵的组成

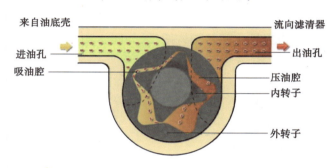

图 3-22 转子式机油泵的工作原理

长,故可根据它的工作性能确定是否需要拆检和修理,如图 3-23 所示。

齿轮磨损　　　　　　　　齿顶磨损　　　　　　　　齿轮端面磨损

限压阀弹簧断裂　　　　　限压阀球阀磨损

图 3-23 转子式机油泵的常见损伤形式

【任务实施】

请按照计划、参考汽车使用手册,进行检修机油泵。

一、实施方案

1.注意事项

参照厂家的质量标准要求,严格按照安全操作规程进行项目作业,自觉按照文明生产规则和环境保护要求进行拆装与检测。在满足厂家的生产规范和质量要求的前提下,能熟练、快速地对机油泵进行检修;拆下机油泵时要拿稳,以防止掉落砸伤人或损坏部件。在实车作业时,安装油底壳后,至少 2 h 内不能起动发动机,待完全黏结牢固且密封彻底后即可起动发动机试车。

2.组织方式

每 4 位同学一组,检查并更换 07 款卡罗拉 1.6L/AT 轿车 1ZR-FE 发动机的机油泵,并按照企业岗位操作规范进行作业。

3.作业准备

● 技术要求与标准:见表3-4。

表 3-4　技术要求与标准

检测任务	技术数据
机油泵	机油泵减压阀:能依靠自身重力顺畅地滑入阀孔中
	机油泵转子:各部分间隙符合标准值

● 设备器材:如图 3-24 所示。

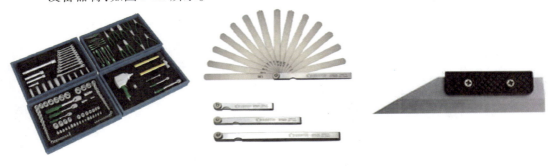

常用工具(1套)　　　　塞尺　　　　刀口尺

图 3-24　设备器材

● 场地设施:消防设施的场地。

● 设备设施:07 款卡罗拉 1.6L/AT 轿车 1ZR-FE 发动机 1 台,发动机台架,以及工具车、零件车、垃圾桶。

● 耗材:干净抹布、泡沫清洗剂。

二、操作步骤

1.拆卸机油泵

（1）拆卸发动机附件

拆卸发动机附件，如图 3-25 所示。

（2）拆卸机油泵链条

①暂时紧固曲轴皮带轮，如图 3-26 所示。

②顺时针转动曲轴 90°，以便将机油泵主动轴链轮的调节孔对准机油泵槽口，如图3-27所示。

图 3-25　发动机附件拆卸完成

图 3-26　紧固曲轴皮带轮

图 3-27　调节孔对准机油泵槽口位置

☆ **注意事项**

曲轴旋转不要超过 90°。如果曲轴转动过多，并且没有安装正时链条，气门可能会碰撞到活塞并造成损坏。

③将一个直径为 3 mm 的杆插入机油泵主动轴链轮的调节孔，以便将齿轮锁定就位，如图 3-28 所示。

④按照操作规范选用 12 mm 套筒、接杆、棘轮扳手，规范使用工具拆下机油泵主动轴链轮螺母，如图 3-29 所示。

图 3-28　将杆插入机油泵调节孔

图 3-29　拆卸机油泵主动轴链轮螺母

⑤按照操作规范选用 10 mm 套筒、接杆和棘轮扳手。规范使用工具拆下机油泵链条张

紧器固定螺栓,并取下固定螺栓、链条张紧器盖板和弹簧,如图 3-30 所示。

⑥规范使用工具拆下曲轴皮带轮螺栓,取下曲轴正时齿轮、机油泵主动齿轮和机油泵链条,如图 3-31 所示。

图 3-30　拆卸机油泵链条张紧器固定螺栓

图 3-31　拆下曲轴皮带轮螺栓

(3)拆卸曲轴位置信号盘

拆卸曲轴位置信号盘,如图 3-32 所示。

(4)拆卸油底壳

拆卸油底壳和密封垫。

(5)拆卸机油泵总成

安装维修手册规定选用合适工具,即 10 mm 套筒、接杆和棘轮扳手。应正确使用工具,均匀分次拆下机油泵 3 个固定螺栓并取下机油泵,如图 3-33 所示。

图 3-32　拆卸曲轴位置信号盘

图 3-33　拆卸机油泵固定螺栓

☆ **注意事项**

　　拆下机油泵时要拿稳,以防掉落砸伤人或损坏部件。

2.检查机油泵

(1)拆解机油泵总成(见图 3-34)

①拆卸机油泵减压阀。用 27 mm 套筒扳手拆下螺栓;拆下阀、弹簧和减压阀。

②拆卸机油泵盖分总成。拆下 5 个螺栓和机油泵盖;从机油泵上拆下机油泵主动转子和从动转子,如图 3-35 所示。

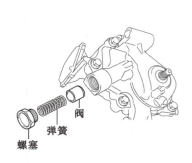

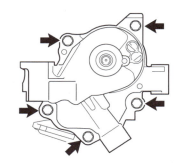

图 3-34　拆卸机油泵减压阀　　　　图 3-35　拆下机油泵盖导航的固定螺栓

（2）检查机油泵减压阀

在机油泵减压阀上涂抹一层发动机机油,检查并确认该阀能依靠自重顺畅地滑入阀孔中。如果情况不是这样,则更换机油泵,如图 3-36 所示。

（3）检查机油泵转子

①用塞尺测量主动转子和从动转子的顶部间隙,如图 3-37 所示。

标准顶部间隙:0.08～0.160 mm。

最大顶部间隙:0.35 mm。

如果顶部最大间隙大于最大值,则更换机油泵。

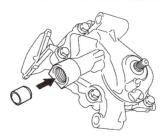

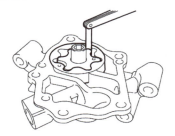

图 3-36　检查机油泵减压阀　　　　图 3-37　测量转子顶部间隙

②用塞尺和精密直尺,测量 2 个转子和精密直尺之间的间隙,如图 3-38 所示。

标准侧隙:0.030～0.080 mm。

最大侧隙:0.16 mm。

如果侧隙大于最大值,则更换机油泵。

③用塞尺测量从动转子与机油泵体之间的间隙,如图 3-39 所示。

标准泵体间隙:0.12～0.19 mm。

最大泵体间隙:0.325 mm。

如果泵体间隙大于最大值,则更换机油泵。

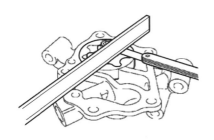

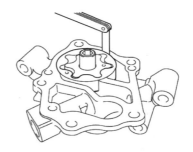

图 3-38　测量转子侧隙　　　　　　　　图 3-39　测量泵体间隙

（4）组装机油泵总成

按照拆卸的相反顺序，组装机油泵总成。

3.更换正时链条盖油封

①在木块上安置正时链条盖。

②用螺丝刀撬出油封，如图 3-40 所示。

☆ **注意事项**

使用螺丝刀之前，在螺丝刀头部缠上胶带。不要损坏油封压力装配孔的表面。

---

③使用曲轴前油封拆装工具。

SST09223-50010 敲入一个新的油封，直到其表面与正时链条盖边缘持平，如图 3-41
所示。

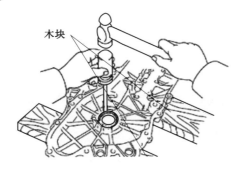

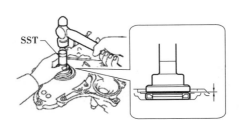

图 3-40　撬出旧油封　　　　　　　　图 3-41　敲入新的油封

☆ **注意事项**

禁止斜敲机油泵油封。

---

④在油封口涂抹通用润滑脂。

4.安装机油泵

（1）检查新的机油泵

①检查和确认机油泵的零件号是否正确，如图 3-42 所示。

②检查机油泵的外观有无裂纹、损坏等，使用压缩空气清洁机油泵上的污物，如图 3-43 所示。

图 3-42　检查机油泵零件号

图 3-43　清洁机油泵上的污物

（2）安装机油泵

对准机油泵安装位置，安装机油泵固定螺栓。按照维修手册规定选用工具，即 10 mm 套筒、接杆和扭力扳手。调整扭力扳手的扭矩，使用扭力扳手紧固机油泵，固定扭矩为 21 N·m，如图 3-44 所示。

（3）安装油底壳

①清除油底壳上的旧填料。按照维修手

图 3-44　紧固机油泵固定螺栓

册规定选择合适工具，即 SST 铲刀，清除油底壳上的旧填料，如图 3-45 所示。

②涂抹密封胶。清除接触面的油污，涂抹密封胶，围绕油底壳和螺栓孔内侧均匀涂抹一层直径约 4 mm 的密封胶，如图 3-46 所示。

图 3-45　清除油底壳上的旧填料

图 3-46　涂抹密封胶

☆ 注意事项

涂抹密封胶后 3 min 内安装油底壳。

③安装油底壳,对准油底壳与气缸体安装面,再拧上油底壳紧固螺母。安装维修手册规定选用合适工具,即 10 mm 套筒、接杆和扭力扳手。调整扭力扳手的扭矩,使用扭力扳手按照从中间到两边对角的顺序,紧固油底壳紧固螺栓,如图 3-47 所示。

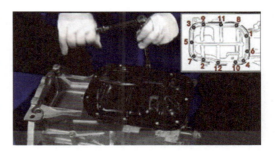

图 3-47　紧固油底壳固定螺栓

☆ **注意事项**

若在实车作业时,安装油底壳后,至少 2 h 内不能起动发动机,待完全黏结牢固,密封彻底后即可起动发动机试车。

(4)安装曲轴位置信号盘

安装信号盘,使"F"标记朝前,如图 3-48 所示。

(5)安装机油泵链条

①安装曲轴皮带轮固定螺栓。转动曲轴,使曲轴安装键垂直向上,如图 3-49 所示。

②转动机油泵驱动轴,使驱动轴切口朝向右水平位置,如图 3-50 所示。

图 3-48　安装曲轴位置信号盘

图 3-49　安装曲轴皮带轮固定螺栓

图 3-50　转动机油泵驱动轴

③调整机油泵链条,使黄色链条标记对准每个齿轮的正时标记,如图 3-51 所示。

④用齿轮上的链条将链轮安装到曲轴和机油泵轴上,用螺母暂时紧固机油泵主动轴齿轮,如图 3-52 所示。

图 3-51　调整机油泵链条

图 3-52　暂时紧固机油泵主动轴链轮

⑤将减振弹簧插入调节孔,使用 10 mm 套筒、接杆和棘轮扳手安装链条张紧器固定螺栓,如图 3-53 所示。

⑥使用 10 mm 套筒、接杆和扭力扳手紧固链条张紧器固定螺栓,扭矩为 10 N·m,如图 3-54 所示。

图 3-53　安装张紧器固定螺栓

图 3-54　紧固张紧轮固定螺栓

⑦安装曲轴皮带轮固定螺栓,转动曲轴,将机油泵主动轴链轮的调节孔对准机油泵槽,如图 3-55 所示。

⑧将一个直径为 4 mm 的杆插入机油泵主动轴齿轮的调节孔,以便将齿轮锁定就位,然后使用 12 mm 套筒、接杆和扭力扳手紧固机油泵主动轴齿轮固定螺母,扭矩为 28 N·m,如图 3-56 所示。

图 3-55　调节孔对准机油泵槽口位置

图 3-56　紧固机油泵主动轴齿轮固定螺栓

（6）安装曲轴正时链轮

安装曲轴正时链轮。

（7）安装发动机附件

安装发动机附件。

【任务小结】

1.转子式机油泵组成

转子式机油泵主要由内转子、外转子、壳体、机油泵盖及限压阀等零件组成。

2.转子式机油泵工作原理

转子式机油泵的内转子带动外转子转动，并且转速快于外转子。内外转子之间形成4个互相封闭的工作腔，每个工作腔在最小时与壳体上的进油孔接通，随后容积变大，形成真空，吸入机油；转子继续转动，工作腔容积变小，油压升高，当工作腔与出油孔接通时，压出机油。

3.机油泵的常见损伤形式及成因

机油泵的主要损伤形式是零件的磨损所造成的泄漏，使泵油压力降低和泵油量减少。机油泵的端面间隙、啮合间隙以及外转子与泵壳之间间隙的增大，各处密封性和限压阀的调整都将影响泵油量和泵油压力。

4.检查与更换机油泵

①拆卸机油泵。

②更换正时链条盖油封。

③检查机油泵。

⑤安装机油泵。

【测试练习】

一、判断题

1.顺时针转动曲轴90°或超过90°，以便将机油泵主动轴链轮的调节孔对准机油泵槽口。

（　　）

2.1ZR-FE 发动机机油泵主动转子和从动转子的最大顶部间隙为 0.35 mm。（　　）

3.使用扭力扳手紧固 1ZR-FE 发动机的机油泵固定螺栓的扭矩为 21 N·m。（　　）

二、单选题

1.使用扭力扳手紧固链条张紧器固定螺栓的扭矩为（　　）N·m。

A.12　　　　　　　　B.16　　　　　　　　C.10　　　　　　　　D.21

2.发动机机油泵从动转子和机油泵体间的标准间隙为（　　）mm。

A.0.10～0.19　　　　B.0.12～0.19　　　　C.0.15～0.19　　　　D.0.12～0.30

【任务评价】

本任务的任务评价见表3-5。

表 3-5 任务评价表

序　号	内　　容	分　值	得　分
1	规范拆卸机油泵链条	10	
2	规范拆卸曲轴位置信号盘	5	
3	规范拆卸油底壳	5	
4	规范拆卸机油泵总成	10	
5	规范更换正时链条盖油封	10	
6	规范拆卸机油泵总成	10	
7	规范检查机油泵减压阀	5	
8	规范检查机油泵转子	10	
9	规范检查新的机油泵	5	
10	规范安装机油泵	10	
11	规范安装油底壳	5	
12	规范安装曲轴位置信号盘	5	
13	规范安装机油泵链条	5	
14	规范安装曲轴正时链条	5	
总　分		100	

注:操作规范即得分,操作错误或未进行操作即 0 分。

【学习任务拓展】

一、润滑系统的润滑方式

润滑系统的润滑方式可分为飞溅润滑和压力润滑,如图 3-57 所示。

飞溅润滑是指利用运动零件喷溅起来的油滴、油雾润滑摩擦面,如气缸壁表面的润滑等。

压力润滑是指利用机油泵使润滑油产生压力,强制送到各运动表面,如凸轮轴承和曲轴轴承的润滑等。

二、机油泵类型

机油泵结构形式可分为齿轮式和转子式两类。齿轮式机油泵又分内接齿轮式和外接齿

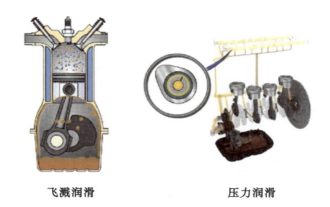

飞溅润滑　　　　　　　　压力润滑

图 3-57　润滑系统的润滑方式

轮式,一般把后者称为齿轮式机油泵。

1.齿轮式机油泵结构

齿轮式机油泵主要由机油泵链轮、前盖、轴承、定位销、齿轮组、机油泵壳及后盖等组成,如图 3-58 所示。

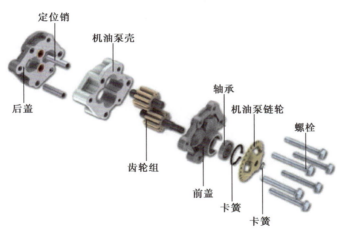

图 3-58　齿轮式机油泵结构

2.齿轮式机油泵的工作原理

主动齿轮带动从动齿轮旋转时,进油腔容积因轮齿脱离啮合而增大,腔内形成一定的真空,机油从进油口吸入;旋转的齿轮将齿间的机油带到出油腔,出油腔容积因轮齿进入啮合而减小,油压升高,机油经出油口压出,如图 3-59 所示。

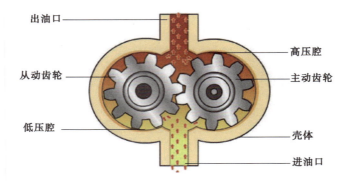

出油口

高压腔

从动齿轮

主动齿轮

低压腔

壳体

进油口

图 3-59　齿轮式机油泵的工作原理

项目四 | 配气机构检修

    配气机构是控制发动机进气和排气的装置。其作用是按照发动机的工作顺序和各缸工作循环的要求,定时开启和关闭进排气门,以便在进气行程有尽可能多的可燃混合气(汽油机)或空气(柴油机)进入气缸,在排气行程将尽可能多的废气快速排出气缸。配气机构的某些零件经常受到高温气流和载荷的冲击,润滑条件差。在长期工作中,这些零件会产生磨损、烧蚀或变形,使其配合状态发生变化,从而影响发动机的动力性和经济性。

    本项目以卡罗拉 1ZR-FE 发动机顶置凸轮轴配气机构为例,对其组件进行检修,使学生掌握配气机构的常见损伤及检修方法。

    配气机构主要由 3 大部分组成,即气门组、气门传动组和气门驱动组,如图 4-1 所示。

图 4-1　配气机构的安装位置及组成

    气门组由气门、气门座、气门导管、气门油封、气门弹簧及气门锁片等组成。

    气门传动组由凸轮轴、气门挺柱和摇臂等组成。

    气门驱动组由正时链条、凸轮轴正时齿轮、曲轴正时齿轮及传动链条组成。

学习目标：

- 了解安全操作要求,养成安全文明操作的习惯;
- 养成组员之间互相协作的习惯;
- 实施操作结束后,清洁工具,并将工具设备归位,清洁场地;
- 根据技术标准对气门组、气门传动组及气门驱动组进行检修;
- 能描述配气机构中主要零部件的常见损伤形式、成因及检测方法;
- 能阐述配气机构中主要零部件的结构与相互之间的关系。

/ 学习任务一 / 检查与调整配气正时

任务目标
- 能正确描述配气正时的概念;
- 能正确描述配气正时的失准成因;
- 能掌握配气正时的检查与调整方法。

学习重点
- 配气正时的失准成因;
- 配气正时的检查与调整。

　　配气机构作为发动机的气体输送装置,有非常重要的作用。配气正时正确与否,对发动机的整体性能有很大的影响。配气正时即发动机在实际工作过程中应遵循的时刻,可用配气相位来表示。配气正时不正确会影响气缸充气量,直接影响发动机功率。进气门开启过迟、关闭过早,绝对充气时间不足,再大的排气量也不能发挥作用。同样,排气门开启过早,做功气体泄漏过大,造成浪费,影响发动机温度的稳定。气门开启和关闭时间不协调,如进气门、排气门开启过迟,除了不能最大限度利用燃料的热能外,还破坏了废气排出的连贯性和波动性,导致废气排出不干净、气缸内做功气体纯度下降、发动机积累热量增加及温度过高。

　　本任务将阐述配气正时的概念与原理,以及发动机配气正时的使用与检查方法,提高学生对配气正时的认识,并通过检查与调整 07 款丰田卡罗拉汽车的配气正时,掌握对汽车配气正时的检修。

【知识准备】

一、配气正时的概念

当发动机转速较高时,进气行程和排气行程对应的时间较短(如当发动机转速为
5 600 r/min时,进气行程和排气行程持续的时
间只有 0.005 4 s),在这样短的时间内进气和
排气,往往会使发动机充气不足或排气不净,
从而使发动机功率下降。因此,如今发动机都
采取延长进排气时间的方法,即进气门在进气
行程上止点前就打开,而在进气行程下止点之
后才关闭;排气门在排气行程下止点就打开,
而在排气行程上止点之后才关闭,如图 4-2 所
示。一般汽油机进气门早开角为 10°~15°,晚
关角为 40°~60°;汽油机排气门早开角为
45°~60°,晚关角为 5°~20°,如图 4-2 所示。

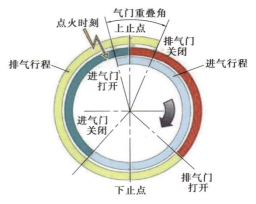

图 4-2　配气相位图

进气门早开的目的是:保证进气行程开始时进气门已开大,新鲜气体能顺利地冲入气
缸。进气门晚关的目的是:当活塞到达下止点时,气缸内压力仍低于大气压,可利用气流惯
性和压力差继续进气。

排气门早开的目的是:在做功行程末期开启排气门,可利用气缸内的较高压力将废气迅
速排出。排气门晚关的目的是:在排气上止点时,排气的压力仍高于大气压,另外排气流有
一定的惯性,故排气门晚关一些,可使废气排放得更干净。

因排气门的晚关和进气门的早开,故在排气上止点附近出现了"气门重叠角",即此时排
气门和进气门同时开启。合理利用气门重叠角,可实现缸内废气再循环,以减小 NO_x 的放
量。但是,若气门重叠角过大,也会产生不良影响。如果进气门早开角过大,会有过多的废
气进入进气管,减小了新鲜空气的进气量;如果排气门晚关角过大,会有大量新鲜空气随废
气一起排出。

二、配气正时的失准成因

(1)正时标记未对准

正时标记未对准如图 4-3 所示。

(2)传动机构磨损

凸轮轴变形或磨损、凸轮轴磨损、正时链条及正时齿轮磨损、液压挺柱磨损等传动部件
的磨损都会影响配气正时,如图 4-4 所示。

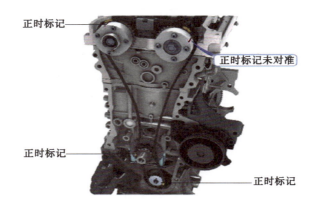

正时标记未对准

图 4-3　正时标记未对准

凸轮磨损　　　　　　　凸轮轴弯曲变形

链条磨损　　　　　　　齿轮磨损

图 4-4　传动机构磨损

三、发动机配气正时不准对发动机的影响

发动机的配气正时正确与否,对发动机的工作性能有很大的影响。配气正时过早(排气行程活塞到达上止点时,进气门开启过大,排气门关闭过早),会出现排气不彻底;配气正时过晚(排气行程活塞到达上止点时,进气门开启过小,甚至未能开启,排气门仍处于较大开度),则会出现进气阻力过大,进气不充分。配气正时过早或过晚都会影响发动机充气系数,进而影响发动机的动力性能。

【任务实施】

按照计划,参考汽车使用手册,清洁发动机外观。

一、实施方案

1.注意事项

参照厂家的质量标准要求,严格按照安全操作规程进行项目作业,自觉按照文明生产规则和环境保护要求进行拆装与检测。在满足厂家的生产规范和质量要求的前提下,能熟练、快速地对配气正时进行检查与调整;为保证配气正时及点火正时,在重新安装凸轮轴时,凸轮轴正时齿轮与曲袖正时齿轮的啮合位置不能错误。因此,在曲轴正时齿轮及凸轮轴正时齿轮上都打有正时记号,安装时必须对准正时标记。

2.组织方式

每4位同学一组,检查并调整07款卡罗拉1.6L/AT车的配气正时,并按照企业岗位操作规范进行作业。

3.作业准备

● 技术要求与标准:

①安装进排气凸轮轴时,需确保凸轮轴的锁销位置正确。

②安装凸轮轴轴承盖时,需确保凸轮轴轴承盖的标记和位置正确。

③不要在不使用链条张紧器的情况下转动曲轴。

④安装完正时链条后,在正时链条罩上涂密封胶,2 h内不能起动发动机。

● 设备器材:如图4-5所示。

● 场地设施:消防设施的场地。

● 设备设施:07款卡罗拉1.6L/AT轿车1辆,举升机,发动机台架,以及工具车、零件车、垃圾桶。

● 耗材:干净抹布、泡沫清洗剂。

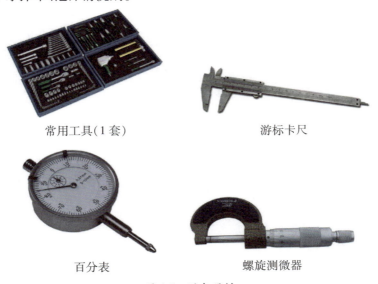

常用工具(1套)　　　　　　　　游标卡尺

百分表　　　　　　　　螺旋测微器

图4-5　设备器材

二、操作步骤

1.检查正时标记是否对准

检查正时链条上的彩色链节和皮带轮上的标记是否对齐,凸轮轴、曲轴正时标记是否对齐。如果没有对齐,需要拆下链条,重新对正标记。参见本项目学习任务三检修气门组的内容。

2.检查传动机构是否磨损

(1)检查凸轮轴

参见本项目学习任务二的内容。

（2）检查正时链条和正时齿轮

参见本项目学习任务一的内容。

【任务小结】

1.配气正时的失准成因

①正时标记未对准。

②传动机构磨损。

2.配气正时失准对发动机的影响

配气正时过早（排气行程活塞到达上止点时，进气门开启过大，排气门关闭过早），会出现排气不彻底；配气正时过晚（排气行程活塞到达上止点时，进气门开启过小，甚至未能开启，排气门仍处于较大开度），则会出现进气阻力过大，进气不充分。

【测试练习】

一、判断题

一般情况下，气门重叠角越大越好。　　　　　　　　　　　　　（　　）

二、单选题

07 款卡罗拉 1.6L/AT 车为例，发动机上有（　　）个正时标记。

A.1　　　　　　　　B.2　　　　　　　　C.3　　　　　　　　D.4

【任务评价】

本任务的任务评价见表4-1。

表 4-1　任务评价表

序　号	内　　容	分　值	得　分
1	检查正时标记是否对准	50	
2	检查传动机构是否磨损	50	
	总　分	100	

注：操作规范即得分，操作错误或未进行操作即 0 分。

╱学习任务二╱　检修凸轮轴

任务目标

● 能正确描述凸轮轴的常见损伤形式。

●能掌握凸轮轴的检修方法。

学习重点

●凸轮轴常见损伤形式及其对应的检修方法。

凸轮轴是活塞发动机里的一个部件。它的作用是控制气门的开启和闭合动作。虽然在四冲程发动机里凸轮轴的转速是曲轴的 1/2（在二冲程发动机中凸轮轴的转速与曲轴相同），不过通常它的转速依然很高，而且需要承受很大的扭矩。因此，凸轮轴也是一个较容易出现故障的零件。凸轮轴的常见故障包括异常磨损、异响和断裂，异响和断裂发生之前往往先出现异常磨损的现象。有些情况下，凸轮轴的故障是人为原因引起的，特别是维修发动机时对凸轮轴没有进行正确的拆装。例如，拆卸凸轮轴轴承盖时用锤子强力敲击或用改锥撬压，或安装轴承盖时将位置装错导致轴承盖与轴承座不匹配，或轴承盖紧固螺栓拧紧力矩过大等。安装轴承盖时，应注意轴承盖表面上的方向箭头和位置号等标记，并严格按照规定力矩使用扭力扳手拧紧轴承盖紧固螺栓。

本任务将阐述凸轮轴的结构与原理，以及发动机凸轮轴的使用与检查方法，提高学生对凸轮轴的认识，并通过检修 07 款的丰田卡罗拉汽车凸轮轴，掌握对汽车凸轮轴的检修。

【知识准备】

一、气门传动组结构

气门传动组主要由排气凸轮轴、进气凸轮轴、摇臂及气门挺柱等组成，如图 4-6 所示。气门传动组的作用是使进排气门能按发动机工作需求在规定的时刻开闭，并且保证有足够的开度。

图 4-6　气门传动组的组成

二、凸轮轴的常见损伤

凸轮轴的常见损伤包括异常磨损、弯曲和断裂。凸轮轴几乎位于发动机润滑系统的末端，因此，润滑状况不容乐观。如果润滑系统因供油不足或堵塞使润滑油无法进入凸轮轴间隙，则会造成凸轮轴异常磨损。如果在检修时没有按照操作规范进行拆装，动作粗暴，则会造成凸轮轴弯曲，甚至断裂，如图 4-7 所示。

凸轮轴磨损　　　　　　　　　凸轮轴弯曲变形

图 4-7　凸轮轴的常见损伤

【任务实施】

按照计划,参考汽车使用手册,清洁发动机外观。

一、实施方案

1.注意事项

①拆卸凸轮轴轴承盖固定螺栓时,需按照从两边到中间的顺序进行。

②安装进、排气凸轮轴时,需确保凸轮轴的锁销位置正确。

③安装凸轮轴轴承盖时,确保凸轮轴轴承盖的标记和位置正确。

④测量凸轮轴径向跳动使用百分表,测量凸轮轴凸角使用螺旋测微器,测量凸轮轴油膜间隙使用塑料间隙规。

2.组织方式

每 4 位同学一组,对 07 款卡罗拉 1.6L/AT 轿车 1ZR-FE 发动机上的气门传动组进行检修,并按照企业岗位操作规范进行作业。

3.作业准备

• 技术要求与标准:

①安装进排气凸轮轴时,需确保凸轮轴的锁销位置正确。

②安装凸轮轴轴承盖时,需确保凸轮轴轴承盖的标记和位置正确。

• 设备器材:如图 4-8 所示。

• 场地设施:消防设施的场地。

• 设备设施:07 款卡罗拉 1.6L/AT 轿车 1ZR-FE 发动机 1 台,发动机台架,以及工具车、零件车、垃圾桶。

• 耗材:干净抹布、泡沫清洗剂。

常用工具(1 套)　　　　　　　百分表　　　　　　　　螺旋测微器

图 4-8　设备器材

二、操作步骤

1.拆卸凸轮轴

（1）拆卸凸轮轴轴承盖

①使用 10 mm 套筒、接杆、棘轮扳手按从两边到中间的顺序，均匀地拧松并拆下 10 个轴承盖螺栓，如图 4-9 所示。

②在曲轴的连杆轴颈处于水平状态时，使用 12 mm 套筒、接杆、棘轮扳手按从两边到中间的顺序，均匀地拧松并拆下 15 个轴承盖螺栓，如图 4-10 所示。

图 4-9 拆卸 10 个轴承盖螺栓

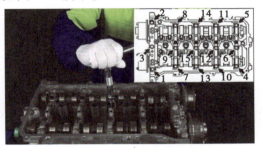

图 4-10 拆卸 15 个轴承盖螺栓

③拆下 5 个轴承盖，并按正确的顺序摆放拆下的零件，如图 4-11 所示。

（2）拆卸凸轮轴

用手取下进排气凸轮轴，如图 4-12 所示。

图 4-11 拆卸 5 个轴承盖

图 4-12 取下凸轮轴

> ☆ 注意事项
>
> 取下凸轮轴时要小心，避免碰到气缸盖上的其他零件。

2.检查凸轮轴

（1）检查凸轮轴

①检查凸轮轴的径向跳动。将凸轮轴放在 V 形块上，用百分表测量中心轴颈的径向跳动，如图 4-13 所示。凸轮轴径向跳动最大值见表 4-2。

表 4-2　凸轮轴径向跳动最大值

检测内容	检测条件	规定状态/mm
凸轮轴径向跳动	—	最大值为 0.04

如果径向跳动大于最大值,则更换凸轮轴。

②检查凸轮凸角。用螺旋测微器测量凸轮凸角的高度,如图 4-14 所示。凸轮凸角高度的标准数据见表 4-3。

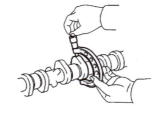

图 4-13　测量中心轴颈的径向跳动　　图 4-14　测量凸轮凸角的高度

表 4-3　凸轮凸角高度的标准数据

检测内容	检测条件	标准数据/mm
1 号凸轮凸角高度	—	最小值为 42.666
		标准值为 42.816～42.916
2 号凸轮凸角高度		最小值为 44.186
		标准值为 44.336～44.436

如果凸轮凸角高度小于最小值,则更换凸轮轴。

③检查凸轮轴轴颈。用螺旋测微器测量轴颈的直径,如图 4-15 所示。

（2）检查凸轮轴油膜间隙

①清洁轴承盖和凸轮轴轴颈。

②将凸轮轴放到凸轮轴壳上。

③将塑料间隙规摆放在各凸轮轴轴颈上,如图 4-16 所示。

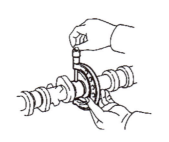

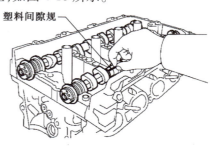

塑料间隙规

图 4-15　测量凸轮轴轴颈的直径　　图 4-16　检查凸轮轴油膜间隙

凸轮轴油膜间隙的标准数据见表4-4。

表4-4　凸轮轴油膜间隙的标准数据

检测内容	检测条件	标准数据/mm
1号轴颈直径	—	34.449~34.465
其他轴颈直径/mm		22.949~22.965

④安装轴承盖。

⑤拆下轴承盖。

⑥测量塑料间隙规最宽处。

各轴颈油膜间隙的标准数据见表4-5。

表4-5　各轴颈油膜间隙的标准数据

检测内容	检测条件	标准数据/mm
1号轴颈油膜间隙	—	标准值为0.030~0.063
		最大值为0.085
其他轴颈油膜间隙		标准值为0.035~0.072
		最大值为0.09

如果油膜间隙大于最大值,则更换凸轮轴。如有必要,则更换气缸盖。

☆ **注意事项**

检查后,应及时移除塑料间隙规。

(3)检查凸轮轴轴向间隙

①安装凸轮轴。

②在来回移动凸轮轴的同时,用百分表测量轴向间隙,如图4-17所示。凸轮轴轴向间隙的标准数据见表4-6。

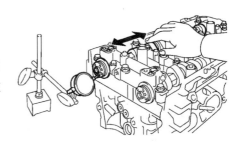

图4-17　测量凸轮轴轴向间隙

表 4-6　凸轮轴轴向间隙的标准数据

检测内容	检测条件	标准数据/mm
凸轮轴轴向间隙	—	标准值为 0.06~0.155
		最大值为 0.17

如果轴向间隙大于最大值,则更换凸轮轴壳。如果止推面损坏,则更换凸轮轴。

3.安装凸轮轴和凸轮轴轴承盖

(1)安装凸轮轴

①使用压缩空气清洁凸轮轴接触面。

②安装进排气凸轮轴,并确保凸轮轴的锁销位置正确,如图 4-18 所示。

(2)安装凸轮轴轴承盖

①使用压缩空气清洁凸轮轴轴承盖。

②依次安装 5 个凸轮轴轴承盖,并确保凸轮轴轴承盖的标记和位置正确,如图 4-19 所示。

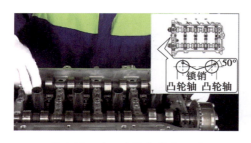

图 4-18　确认凸轮轴锁销位置

图 4-19　依次安装 5 个凸轮轴轴承盖

③安装 10 个凸轮轴轴承盖螺栓。使用 10 mm 套筒、接杆、定扭扳手按从中间到两边的顺序将螺栓紧固至 16 N·m,如图 4-20 所示。

④安装 15 个轴承盖固定螺栓。使用 12 mm 套筒、接杆、定扭扳手按从中间到两边的顺序将螺栓紧固至 27 N·m,如图 4-21 所示。

图 4-20　紧固凸轮轴轴承盖螺栓

图 4-21　紧固 15 个轴承盖固定螺栓

【任务小结】

1.气门传动组的组成

气门传动组主要由排气凸轮轴、进气凸轮轴、摇臂及气门挺柱等组成。

进排气凸轮轴上有进排气凸轮、前端轴、凸轮轴轴颈以及凸轮轴位置传感器信号盘等。它的作用是使气门按一定的工作顺序和配气定时及时开闭,并保证气门有足够的升程。凸轮轴是由发动机曲轴驱动而旋转的,并将力传递给摇臂。

2.凸轮轴拆卸作业的主要步骤

拆卸凸轮轴轴承,拆卸进气凸轮轴、排气凸轮轴(安装时按相反的顺序进行)。

3.凸轮轴拆装作业中需注意的事项

①拆卸凸轮轴轴承盖固定螺栓时,需按从两边到中间的顺序进行。

②安装进排气凸轮轴时,需确保凸轮轴的锁销位置正确。

③安装凸轮轴轴承盖时,确保凸轮轴轴承盖的标记和位置正确。

④测量凸轮轴径向跳动使用百分表,测量凸轮轴凸角使用螺旋测微器,测量凸轮轴油膜间隙使用塑料间隙规。

【测试练习】

一、判断题

1.07款卡罗拉1ZR-FE发动机的凸轮轴的径向跳动最大不能超过0.04 mm。（　　）

2.对于07款卡罗拉1ZR-FE发动机,1号凸轮凸角高度大于2号凸轮凸角高度。

（　　）

3.所有轴颈的油膜间隙都相同。（　　）

4.检查液压挺柱时,从高压室放气时,需确保SST的端部压住单向球。（　　）

二、单选题

1.以07款卡罗拉1ZR-FE发动机为例,用螺旋测微器测量凸轮凸角的高度,1号凸轮凸角的标准高度为（　　）mm。

    A.41.816~42.916　　　　B.42.816~43.916　　　　C.42.816~42.916　　　　D.42.336~44.436

2.07款卡罗拉1ZR-FE发动机的凸轮轴最大轴向间隙不能超过（　　）mm。

    A.0.17　　　　　　　　B.0.18　　　　　　　　C.0.19　　　　　　　　D.0.20

3.以07款卡罗拉1ZR-FE发动机为例,安装10个凸轮轴轴承盖螺栓,使用12 mm套筒、接杆、定扭扳手按从中间到两边的顺序将螺栓紧固至（　　）N·m。

    A.24　　　　　　　　　B.25　　　　　　　　　C.26　　　　　　　　　D.27

【任务评价】

本任务的任务评价见表4-7。

表4-7　任务评价表

序 号	内 容	分 值	得 分
1	规范拆卸凸轮轴	30	
2	规范检查凸轮轴	30	
3	规范安装凸轮轴	40	
总 分		100	

注:操作规范即得分,操作错误或未进行操作即 0 分。

/学习任务三/　检修气门组

任务目标

- 能正确描述气门组主要零部件的常见损伤形式;
- 能掌握气门组主要零部件的检修方法。

学习重点

- 气门组常见损伤形式及其对应的检修方法。

气门组是发动机的一个重要零件。气门的作用是专门负责向发动机内输入空气并排出燃烧后的废气。气门的工作条件非常恶劣:气门直接与高温燃气接触,排气门最高温度可达800 ℃,受热严重而散热困难,故气门组温度很高;气门承受气体力和气门弹簧力的作用,因配气机构运动件的惯性力而使气门落座时受到冲击;气门在润滑条件很差的情况下,以极高的速度启闭,并在气门导管内作高速往复运动。此外,气门因与高温燃气中有腐蚀性的气体接触而受到腐蚀,再加上气门工作时启闭动作频繁,气门组零件极易产生损伤。因此,要注意对气门组零件的检修,以保证其处于正常的工作状态。

本任务将阐述气门组的结构与原理,以及发动机气门组的使用与检查方法,提高学生对气门组的认识,并通过检修07 款的丰田卡罗拉汽车气门组,掌握对汽车气门组的检修。

【知识准备】

一、气门组的结构

气门组主要由气门、气门导管、气门锁片、气门油封、气门弹簧及弹簧座等组成,如图4-22所示。通常情况下,进气口的直径要大于排气口,主要是为了增加进气量来提高燃烧效率,从而获得更好的动力输出。

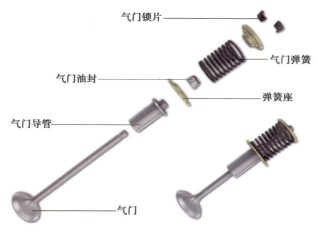

图 4-22　气门组的结构

二、气门组的常见损伤

（1）气门的常见损伤

气门的常见损伤有气门工作面磨损、气门杆变形、气门杆磨损及气门杆端面磨损等。当气门出现这些损伤时,可酌情修复或更换,如图 4-23 所示。

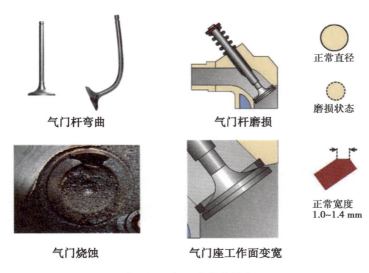

气门杆弯曲　　气门杆磨损　　正常直径

　　　　　　　　　　　　　　　　磨损状态

气门烧蚀　　气门座工作面变宽　　正常宽度 1.0~1.4 mm

图 4-23　气门的常见损伤

（2）气门座的常见损伤

气门座的损伤主要是因冲击负荷的作用引起塑性变形,同时还受高温气体的烧蚀,长期连续不断的启闭使气门座工作表面宽度增大,表面凹陷、有斑点、烧蚀,造成气门关闭不严而漏气。通常采用对气门座进行铰削和磨削的方式予以修复。

（3）气门导管的常见损伤

发动机工作时,气门杆在气门导管中滑动。因它们在工作中磨损,致使配合间隙增大,造成气门与气门座之间密封不良或偏磨。

（4）气门弹簧的常见损伤

气门弹簧常见的损伤有弯曲变形、弹力减弱、擦伤、端面不平、裂纹及折断等。

【任务实施】

按照计划、参考汽车使用手册，进行汽车气门组的检修。

一、实施方案

1.注意事项

参照厂家的质量标准要求，严格按照安全操作规程进行项目作业，自觉按照文明生产规则和环境保护要求进行拆装与检测。在满足厂家的生产规范和质量要求的前提下，能熟练、快速地对气门组进行检修。需要用专用工具先把气门锁夹拆下，然后取出弹簧及气门即可。注意不要把气门座圈刮伤，气门油封要更换新的。

2.组织方式

每4位同学一组，对07款卡罗拉1.6L／AT轿车1ZR-FE发动机上的气门组进行检修，并按照企业岗位操作规范进行作业。

3.作业准备

• 技术要求与标准：

①线性检验法检验气门的密闭性时，检查气门上所画线条，若线条全部切断，表示密封良好；若线条未全部切断，表示密封不良。

②气压检验法检验气门的密闭性时，需用橡皮球向储气筒内打入 58.8～68.6 kPa 的空气，检查储气筒内气压值，若 0.5 min 内气压值降低至不大于 20%，则说明气门密封性良好。

③气门座离气门锥面太高，需用 30° 与 45° 气门座铰刀修正气门座。若离气门锥面太低，需用 60° 与 45° 气门座铰刀修正气门座。

• 设备器材：如图 4-24 所示。

常用工具（1套）

衬垫刮刀

刷子

气门座铰刀

0～25 mm 外径千分尺

0～200 mm 游标卡尺

钢板尺　　　　　　　　　　弹簧测试仪

图 4-24　设备器材

● 场地设施:消防设施的场地。

● 设备设施:07 款卡罗拉 1.6L/AT 汽车发动机 1 台,发动机台架,以及工具车、零件车、垃圾桶。

● 耗材:干净抹布、泡沫清洗剂。

二、操作步骤

1.气门检修

(1)准备工作

①拆卸气门,如图 4-25 所示。

②清洗气门,用衬垫刮刀将气门端部的积炭刮干净,并用钢丝刷彻底清刷气门,如图4-26所示。

(2)外观检验

如发现气门有裂纹、破损或熔蚀烧损时,应更换气门。

图 4-25　拆卸气门

清洁气门积炭

用刷子清洁气门

图 4-26　清洁气门

(3)气门工作面磨损的检修

气门工作面的磨损将破坏气门与气门座的密封性,导致漏气,并改变气门间隙,因此,必须进行认真检查。

检查气门工作面的磨损,主要观察气门工作面是否有斑点、烧蚀、刻痕和凹陷现象。损伤严重的,应予以更换。气门工作面的修理工作主要在气门光磨机上进行。其主要目的是磨去工作面上烧蚀的麻点和凹坑,增强与气门座之间的密封性。

气门经光磨修理后,其边缘逐渐变薄,工作时容易变形和烧蚀,气门头部最小边缘厚度不得低于最小允许极限,否则应更换气门,如图4-27所示。

提示:标准边缘厚度为1.0 mm;最小边缘厚度为0.5 mm。

(4)气门杆磨损的检修

气门杆的磨损使气门杆与导管孔的间隙增大,易使气门歪斜,导致气门关闭不严而漏气。当高温废气通过导管孔间隙,使气门及导管过热,加速它们的磨损,并可能因导管中润滑油烧结,使气门卡死而无法工作。

气门杆的磨损用螺旋测微器测量,测量部位在气门杆上、中、下3个箭头所示的部位,如图4-28所示。若测得的数值不符合规定,则检查油膜间隙。1ZR-EF发动机的进气门气门杆直径:5.470~5.485 mm;排气门气门杆直径:5.465~5.480 mm。

图4-27　气门的边沿厚度

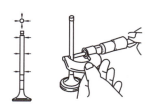

图4-28　旋测微器测量气门杆位置

(5)气门杆端面磨损的检修

气门杆端面磨损往往使端面不平。当气门顶起时,挺柱(或摇臂)的作用力将产生侧向力,使气门杆歪斜,气门关闭不严。

将气门放在两个V形块上,用百分表检查其端面,百分表指针摆差应不大于0.03 mm;否则可用气门光磨机修磨,将气门杆磨平。

气门杆端面磨损也可通过检视法检查,检查气门杆端部,若能看到明显的端面凹陷,可用气门光磨机修磨。

气门杆端面磨损与气门工作面的损伤在维修中是同时在气门光磨机上修复的。

修磨后需检查气门全长,进气门的标准全长为109.34 mm,排气门的标准全长为108.25 mm;进气门的最小全长为108.84 mm,排气门的最小全长为107.75 mm。若气门长度小于最小值,则应更换气门,如图4-29所示。

图4-29　气门长度测量

(6)气门杆弯曲的检修

气门杆弯曲可用百分表来测定。其操作方法如下:

①将气门支承在两个相距100 mm的V形架上。

②将百分表触头抵在气门杆中间,转动气门杆一圈,百分表所示的最大与最小读数之

差,即为气门杆的弯曲度。

③将百分表触头抵住气门头平面,转动气门一圈,百分表所示的最大与最小读数之差,即为气门头部的倾斜度误差。

④若气门弯曲度超过0.05 mm,倾斜度误差超过0.03 mm,则应更换气门。

2.气门导杆的检修

(1)检查气门导管衬套油膜间隙

①用千分尺测量气门导管衬套的内径。标准衬套内径为5.510~5.530 mm。

②用导管衬套内径测量值减去气门杆直径测量值。

标准油膜间隙见表4-8,最大油膜间隙见表4-9。

表4-8　标准油膜间隙/mm

任务	规定状态
进气	0.025~0.060
排气	0.030~0.065

表4-9　最大油膜间隙/mm

任务	规定状态
进气	0.08
排气	0.085

如果间隙大于最大值,则更换气门和导管衬套。

(2)装配气门导管衬套

装配气门导管衬套。

(3)气门导管衬套的铰削

气门导管衬套装配后,用5.5 mm锋利铰刀刮气门导管衬套,以使导管衬套与气门杆之间的间隙达到标准间隙。

3.气门座的检修

(1)清洗气门座

用45°碳化物陶瓷刀具将气门座重新刨光,去掉适量金属以清理气门座,如图4-30所示。

(2)检查气门座

在气门表面上涂抹薄薄一层普鲁士蓝(或铅白),轻压气门至气门座,不要转动气门,检查气门落座位置。若气门面的蓝色颜料绕着气门中心成360°,则表示气门同轴;否则,应更换气门。若气门座上的蓝色颜料绕着气门座中心成360°,则表示导管与表面同轴;否则,应更换气门,如图4-31所示。

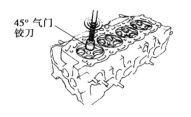

图4-30　清洁气门座

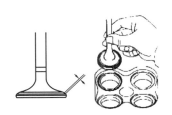

图4-31　检查气门座位置

检查气门座接触面是否在气门锥面中间偏下，其宽度为 1.0~1.4 mm，如图 4-32 所示；否则，应修正气门座；若离气门锥面太高，则用 30°与 45°气门座铰刀修正气门座；若离气门锥面太低（见图 4-32），则用 60°与 45°气门座铰刀修正气门座。

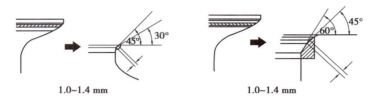

图 4-32　气门座与气门锥面接触面位置

（3）研磨气门座

研磨方法包括手工研磨和机动研磨。

①手工研磨

a.在气门锥面上涂抹一层粗研磨膏，如图 4-33 所示。

b.在气门大端平面上涂抹机油，并将气门插入导管内，如图 4-34 所示。

c.用气捻子吸住气门，带动气门向一个方向旋转，并与气门座不断轻拍，直到在气门锥面出现一条完整、边界清晰的接触环带，如图 4-35 所示。

d.清除气门锥面上的粗研磨膏，涂抹上细研磨膏，如图 4-36 所示。

图 4-33　涂抹粗研磨膏　　　　　　　　　　图 4-34　涂抹机油

图 4-35　带动气门向一个方向旋转　　　　图 4-36　涂抹细研磨膏

e.同样方法继续研磨，使接触环带呈现均匀的瓦灰色，最后滴上机油继续研磨数分钟，检查研磨效果。

②机动研磨

a.在气门锥面上涂抹一层研磨膏,如图 4-37 所示。

b.在气门杆上涂抹一层润滑油,并装入气门导管内,再在气门大端平面涂抹一层薄机油,以便橡皮碗能吸起气门,如图 4-38 所示。

c.轻轻压下研磨机,研磨机旋转并拍打气门,如图 4-39 所示。

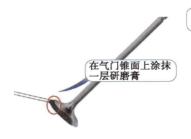

图 4-37　涂抹研磨膏　　　图 4-38　在气门杆上涂抹润滑油　　　图 4-39　研磨机旋转并拍打气门

(4)气门密封性检测

①线性检验法(见图 4-40)

a.在气门工作面上每隔 8 mm 画一条线。

b.然后将气门插入气门导管内,旋转 1/4 圈。

c.检查气门上所画线条。若线条全部切断,表示密封良好;若线条未全部切断,表示密封不良。

图 4-40　线性检验法

②浸油检验法(见图 4-41)

在气门内倒入油液至气门顶面,检查气门与气门座之间是否有渗漏现象。若 5 min 没有出现渗漏现象,则说明气门密封良好;若有渗漏现象,气门与气门座需要研磨。

③气压检验法(见图 4-42)

a.将气门密封性试验仪压在气门与气门座的缸盖明面上。

b.用橡皮球向储气筒内打入 58.8~68.6 kPa 的空气。

c.检查储气筒内气压值。若气压值在 0.5 min 内降低量不大于 20%,则说明气门密封性良好;反之,说明气门密封性不良,气门与气门座需要重新研磨。

在气门内倒入油液至气门顶面

图 4-41　浸油检验法

图 4-42　气压检验法

（5）气门座的装配

装配气门座。

4.气门弹簧的检修

（1）检视法

观察清洗后的气门弹簧外表有无变形、裂纹等缺陷。如有，则需更换。

（2）气门弹簧自由长度检查

使用游标卡尺，测量气门弹簧的自由长度。自由长度应为 53.36 mm。如果自由长度不符合规定，则更换气门弹簧，如图 4-43 所示。

（3）气门弹簧偏移量的检查

用钢角尺测量气门弹簧的偏移量。最大偏移量应为 1.0 mm，如图 4-44 所示。

（4）弹簧弹力测量

用弹簧测试仪测量气门弹簧在规定的安装长度时的压力。将弹簧压至规定长度，弹簧测试仪上读数即为所测的弹簧弹力。若弹簧弹力不符合规定，则应更换气门弹簧，如图 4-45 所示。

图 4-43　测量弹簧的自由长度

偏移量

图 4-44　测量弹簧的偏移量

图 4-45　测量气门弹簧的安装压力

【任务小结】

1.气门组的结构

气门组主要由气门、气门导管、气门锁片、气门油封、气门弹簧及弹簧座等组成。

2.气门组的常见损伤

①气门的常见损伤。

②气门座的常见损伤。

③气门导管的常见损伤。

④气门弹簧的常见损伤。

3.气门密封性的检测方法

①线性检验法。

②浸油检验法。

③气压检验法。

4.气门的研磨方法

手工研磨和机动研磨。

5.检测气门座的主要步骤

①清洗气门座。

②检查气门座位置。

注意:若气门座离气门锥面太高,用 30°与 45°气门座铰刀修正气门座;若离气门锥面太低,需用 60°与 45°气门座铰刀修正气门座。

③研磨气门座。

④气门密封性的检测。

⑤气门座的装配。

【测试练习】

一、判断题

1.气门头部最小边缘厚度不得低于最小允许极限 0.5 mm,否则应更换气门。　　（　　）

2.检测气门杆端面磨损,将气门放在两个 V 形块上,用百分表检查其端面,百分表指针摆差应不大于 0.02 mm。　　（　　）

3.气门导管衬套的内径范围为 5.510～5.530 mm。　　（　　）

4.用气门导管衬套内径测量值减去气门杆直径测量值所得数值为气门导管油膜间隙。
　　（　　）

5.检查气门座位置时,若气门座上的蓝色颜料绕着气门座中心成 360°,则表示气门同轴。
　　（　　）

6.在检查气门的过程中,发现气门座接触面离气门锥面太低,需用 60°与 45°刀具修正气门座,直至其宽度为 1.0~1.4 mm。   （   ）

二、单选题

1.07 款卡罗拉 1ZR-FE 发动机的进气门气门杆的标准直径为（   ）mm。
   A.5.460~5.480   B.5.465~5.470   C.5.470~5.485   D.5.465~5.485

2.07 款卡罗拉 1ZR-FE 发动机进排气门的标准全长分别为（   ）mm。
   A.109.34,108.25   B.108.84,107.75
   C.108.34,107.25   D.108.34,108.75

3.07 款卡罗拉 1ZR-FE 发动机进排气门导管衬套的标准油膜间隙为（   ）mm。
   A.0.035~0.060,0.030~0.055   B.0.025~0.066,0.040~0.065
   C.0.035~0.065,0.035~0.060   D.0.025~0.060,0.030~0.055

4.使用气压检验法检测气门密封性时,储气筒内气压值在 0.5 min 内降低量不大于（   ）,说明气门密封性良好。
   A.10%   B.15%   C.20%   D.25%

【任务评价】

本任务的任务评价见表4-10。

表4-10　任务评价表

序　号	内　容	分　值	得　分
1	规范检修气门	25	
2	规范检修气门导杆	25	
3	规范检修气门座	25	
4	规范检修气门弹簧	25	
总　分		100	

注:操作规范即得分,操作错误或未进行操作即 0 分。

学习任务四　检测与调整气门间隙

任务目标

- 能正确描述气门间隙的概念;
- 能正确描述气门间隙不合适的影响;
- 能正确描述调整气门间隙的原则;
- 能掌握气门间隙检查与调整的方法。

学习重点

- 气门间隙的概念;
- 气门间隙的检查与调整。

发动机工作时,气门将因温度的升高而膨胀。如果气门及其传动件之间在冷态下无间隙或间隙过小,则在热态下,气门及其传动件的受热膨胀势必引起气门关闭不严,造成发动机在压缩行程和做功行程中漏气,从而使功率下降,严重时甚至不易起动。为了消除这种现象,通常在发动机冷态装配时,在气门及其传动机构中留有一定的间隙,以补偿气门受热后的膨胀量,这一间隙称为气门间隙。

气门间隙是发动机配气机构的重要参数,调整得正确与否,是直接关系发动机能否正常运行的大问题。因此,气门间隙的调整是一项非常仔细而重要的工作,必须认真对待并由专业人员进行。

本任务将阐述气门间隙的概念与原理,以及发动机气门间隙的使用与检查方法,提高学生对气门间隙的认识,并通过检查与调整 07 款丰田卡罗拉汽车气门间隙,掌握对汽车气门间隙的检修。

【知识准备】

一、气门间隙

发动机在冷态下,当气门处于关闭状态时,气门与传动件之间的间隙称为气门间隙,如图 4-46 所示。

发动机工作时,气门及其传动件,如挺柱、推杆等都将因受热膨胀而伸长。如果气门与其传动件之间,在冷态时不预留间隙,则在热态下因气门及其传动件膨胀伸长而顶开气门,破坏气门与气门座之间的密封,造成气缸漏

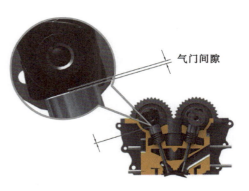

图 4-46　气门间隙

气,从而使发动机功率下降,起动困难,甚至不能正常工作。为此,在装配发动机时,在气门与其传动件之间需留适当的间隙,即气门间隙。气门间隙既不能过大,也不能过小。间隙过小,不能完全消除上述弊病;间隙过大,在气门与气门座以及各传动件之间将产生撞击和响声。最适当的气门间隙由发动机制造厂根据试验确定。

二、气门间隙的调整原则

气门间隙的检查和调整必须是气门完全关闭,且挺柱必须落在凸轮的基圆上才可以进行。

三、液压挺柱的功用与结构

采用液压挺杆（气门间隙自动补偿器）可实现零气门间隙。当气门及其传动件因温度升高而膨胀，或者因磨损而缩短时，液压挺杆进行自动调整和补偿，如图4-47所示。

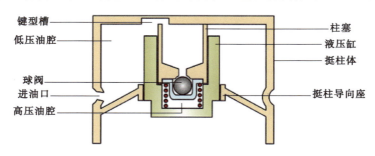

图4-47　液压挺柱的结构

四、液压挺柱的工作原理

机油从缸盖油道进入液压挺杆的柱塞，在机油压力的作用下，单向阀弹簧和回位弹簧被压缩，单向球阀被打开，机油立即充满柱塞下的高压油腔；单向球阀回位关闭，柱塞上升，消除气门间隙。

当配气机构中的运动件磨损后，如滚子摇臂和液压挺杆之间、滚子摇臂和气门之间的磨损，因机油压力保持一定，这时在机油压力的作用下，单向球阀打开，机油立即充满柱塞下的高压油腔，柱塞上升，气门间隙自动补偿，如图4-48所示。

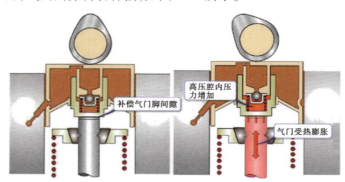

图4-48　液压挺柱工作原理

【任务实践】

按照计划，参考汽车使用手册，进行气门间隙的检测与调整。

一、实施方案

1.注意事项

参照厂家的质量标准要求，严格按照安全操作规程进行项目作业，自觉按照文明生产规则和环境保护要求进行拆装与检测。在满足厂家的生产规范和质量要求的前提下,能熟练、快速地对气门间隙进行检修。气门间隙的检修需在发动机冷态下进行,同时必须熟悉结构、掌握数据,气门间隙调整后需重复检查。调整气门间隙时,使用的塞尺必须是专用的或正规的。

2.组织方式

每4位同学一组,检查并调整07款卡罗拉8A发动机的气门间隙,并按照企业岗位操作规范进行作业。

3.作业准备

● 技术要求与标准:

①如果凸轮轴上的"K"标记没有对准,需再顺着发动机转动方向转动曲轴一圈(360°),不允许倒转。

②垫片的计算公式如下:

进气为

$$N = T + (A - 0.20)$$

排气为

$$N = T + (A - 0.30)$$

式中　T——拆下调整垫片的厚度,mm;

　　　A——测量的气门间隙,mm;

　　　N——新调整垫片的厚度,mm。

● 设备器材:如图4-49所示。

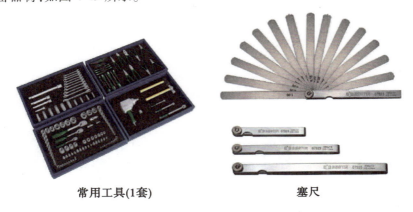

常用工具(1套)　　　　　塞尺

图4-49　设备器材

● 场地设施:消防设施的场地。

● 设备设施:07款卡罗拉发动机台架,以及工具车、零件车、垃圾桶。

● 耗材:干净抹布、泡沫清洗剂。

二、操作步骤

1.检查气门间隙

(1)将1号气缸定位在压缩冲程上止点

①根据维修手册选择 17 mm 套筒棘轮扳手,如图 4-50 所示。

②正确使用工具,顺着发动机运转方向转动曲轴皮带轮,将它的切口与正时皮带轮罩的正时标记"0"对正,如图 4-51 所示。

图 4-50　17 mm 套筒棘轮扳手

图 4-51　正时标记"O"对正

③注意凸轮轴正时皮带轮的"K"标记与轴承盖的标记点对正,如图 4-52 所示。

图 4-52　标记点对正

☆ **注意事项**

　　在转动曲轴皮带轮时,用力要均匀。

　　转动方向要注意,顺着发动机的转动方向。

　　如果凸轮轴上的"K"标记没有对准,需再顺着发动机转动方向转动曲轴一圈(360°),不允许倒转。

(2)检查气门间隙

①根据维修手册选择塞尺,如图 4-53 所示。

②使用干净的布清洁塞尺上的油污,选择合适厚度的塞尺,如图 4-54 所示。

图 4-53　塞尺

图 4-54　用干净的布清洁塞尺上的油污

③在间隙处轻轻拉动塞尺,感觉有轻微阻力时,该塞尺的厚度为所测得正确的气门间隙值,如图 4-55 所示。

气门间隙范围：进气0.15~0.25 mm，排气0.25~0.35 mm

图 4-55　测量气门间隙

2.调整气门间隙

（1）拆下调整垫片

①选择 17 mm 套筒、棘轮扳手，正确使用工具，顺着发动机运转方向转动曲轴皮带轮，把需要调节气门所对应的凸轮肩部朝上，如图 4-56 所示。

②根据维修手册选择气门调整垫片拆卸专用工具、一字螺丝刀，正确使用工具，压下气门挺杆，在凸轮轴和气门挺杆之间放置专用工具，用一字螺丝刀，先顶起液压挺柱垫片，然后用吸棒将调整垫片取出，如图 4-57 所示。

图 4-56　顺着发动机运转方向转动曲轴皮带轮

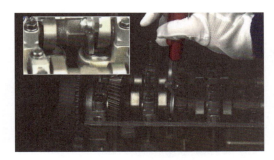

图 4-57　使用专用工具拆下调整垫片

③根据维修手册选择千分尺，使用前先清洁、校零，如图 4-58 所示。正确使用工具，测量垫片调整厚度，并将测量的数据作记录。

图 4-58　清洁千分尺

（2）计算新调整垫片的厚度

垫片的计算公式如下：

进气为

$$N = T + (A - 0.20)$$

排气为

$$N = T + (A - 0.30)$$

式中　T——拆下调整垫片的厚度，mm；

　　　A——测量的气门间隙，mm；

　　　N——新调整垫片的厚度，mm。

☆ **注意事项**

　　在计算时，要注意数据的精度。

　　进排气门的数据不要搞错。

（3）选择新的调整垫片

根据计算出来的新垫片调整厚度，选择一个厚度尽可能接近计算值的新垫片，如图 4-59 所示。

（4）安装新的调整垫片

①检查新垫片的零件号，如图 4-60 所示。

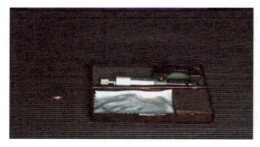

图 4-59　选择新的调整垫片　　　　　　图 4-60　检查新垫片的零件号

②用手将新的调整垫片放入凸轮轴和气门挺杆之间的液压挺柱座上，安装完成后取下专用工具，如图 4-61 所示。

（5）检查调整后的气门间隙

选用合适的塞尺规格，测量换过调整垫片的气门挺杆和凸轮轴之间的间隙，如图 4-62 所示。

3.检查

起动车辆，检查车辆运行是否正常。

图 4-61 安装新的调整垫片

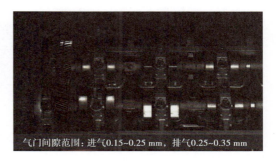

图 4-62 检查调整后的气门间隙

【任务小结】

1.气门间隙

发动机在冷态下,当气门处于关闭状态时,气门与传动件之间的间隙,称为气门间隙。

2.检查与调整气门间隙

(1)检查气门间隙的步骤

①将 1 号气缸定位在压缩冲程上止点。

②检查气门间隙。

(2)调整气门间隙的步骤

①拆下调整垫片。

②计算新调整垫片的厚度。

③选择新的调整垫片。

④安装新的调整垫片。

⑤检查调整后的气门间隙。

【测试练习】

一、判断题

1.气门间隙的检查和调整必须是气门完全关闭,且挺柱必须落在凸轮的基圆上才可以进行。   (   )

2.安装新垫片时,需注意垫片的安装方向,带字面朝上。   (   )

二、单选题

在检查气门间隙之前,曲轴皮带轮的切口需与(   )的正时标记对准。

A.正时皮带罩轮   B.凸轮轴正时皮带轮

C.轴承盖   D.凸轮轴正时齿轮

【任务评价】

本任务的任务评价见表4-11。

表4-11 任务评价表

序 号	内 容	分 值	得 分
1	将1号气缸定位在压缩冲程上止点	10	
2	检查气门间隙	15	
3	拆卸调整垫片	15	
4	计算新调整垫片的厚度	15	
5	选择新的调整垫片	10	
6	安装新的调整垫片	15	
7	检查调整后的气门间隙	10	
8	检查车辆运行是否正常	10	
总 分		100	

注:操作规范即得分,操作错误或未进行操作即0分。

【学习任务拓展】

传动皮带

发动机传动皮带就是用来驱动附属的机械装置,如交流发电机、动力转向油泵和水泵等。如果传动皮带损坏,交流发电机就会停止运转,蓄电池就会亏电。同时,水泵停止运转,导致发动机过热出现故障,如图4-63所示。

发动机传动皮带的损伤形式有3种,即发毛、开裂和拉断,如图4-64所示。

图4-63 发动机传动皮带的安装位置

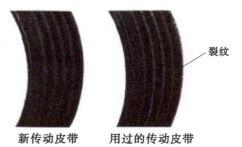

裂纹

新传动皮带　用过的传动皮带

图4-64 传动皮带常见的损伤形式

• 发毛:发动机传动皮带发毛主要是因发动机传动皮带使用长久,由磨损而造成的。

• 开裂:发动机传动皮带开裂主要是因发动机传动皮带使用长久,由腐蚀、老化而造成的。

• 拉断:发动机传动皮带拉断主要是在传动皮带安装时,因安装过紧而造成的。同时,也有因发动机传动皮带使用时间过长,老化而造成的疲劳断裂。

因此,发动机传动皮带的检查间隔要根据行驶里程和时间长短来进行。检查间隔里程(Corolla 车型)为每20 000 km或1年,请参考维修计划,因它可能随车型不同而异。

曲柄连杆机构主要由机体组、活塞连杆组和曲轴飞轮组 3 个部分组成,如图 5-1、图 5-2 所示。

图 5-1　曲柄连杆机构

图 5-2　曲柄连杆机构的组成

机体组由气缸盖、气缸垫、气缸体及油底壳等部件组成。

活塞连杆组由活塞、活塞环、活塞销及连杆等部件组成。

曲轴飞轮组由曲轴、飞轮以及其他具有不同作用的零件和附件组成。

曲柄连杆机构的功用是把燃气作用在活塞顶上的压力转变为曲轴的转矩,对外输出机械能。如图 5-3 所示,曲柄连杆机构将活塞的往复直线运动转换为曲轴的旋转运动。

曲柄连杆机构将活塞的往复直线运动转换为曲轴的旋转运动

图 5-3　曲柄连杆机构的功用

本项目主要通过完成对 07 款卡罗拉 1.6L/AT 轿车 1ZR-FE 发动机曲柄连杆机构的检修作业,使学生深入认知曲柄连杆机构的组成结构,进一步掌握曲柄连杆机构检修的基本方法。

学习目标:

- 了解安全操作要求,养成安全文明操作的习惯;
- 养成组员之间互相协作的习惯;
- 实施操作结束后,清洁工具,并将工具设备归位,清洁场地;
- 根据技术标准,对曲柄连杆机构的气缸体和气缸盖、活塞连杆组以及曲轴飞轮组进行检修;
- 能描述曲柄连杆机构的常见损伤形式及成因;
- 能阐述曲柄连杆机构各部件的检测要点。

/学习任务一/ 检修活塞与活塞销

任务目标
- 能正确描述活塞与活塞销的常见损伤形式及成因；
- 能掌握活塞与活塞销的检修方法。

学习重点
- 活塞与活塞销常见损伤形式及其对应的检修方法。

活塞与活塞销是发动机里面的重要部件。活塞工作时在气缸内作高速往复运动，它与气缸壁的相对速度可高达 1000 m/min，并始终承受高温、高压的作用，加之散热困难、润滑不良等因素，使活塞在使用一段时间后，会造成不同程度的损伤。活塞的常见损伤有裂纹、顶部严重烧损、环槽已磨成明显梯形或边间隙超过规定值。对出现上述损伤的活塞不予修理，应直接作报废处理，并更换新活塞。若无上述现象时，可配以新活塞环继续使用。

活塞销座孔磨损后表现为活塞销与座孔配合间隙增大，运转时发出异常响声，低速和改变转速时更为明显。

本任务将阐述活塞与活塞销的结构与原理，以及发动机活塞与活塞销的使用与检查方法，提高学生对活塞与活塞销的认识，并通过检修 07 款丰田卡罗拉汽车活塞与活塞销，掌握对汽车活塞与活塞销的检修。

【知识准备】

活塞连杆组件是发动机的重要组合件，其技术状况好坏，对发动机工作的影响特别明显。在发动机大修作业中，活塞连杆组件的修理是一项重要的修理任务。

一、活塞的常见损伤形成及成因

活塞的常见损伤形式主要有活塞销座孔磨损或裂纹、活塞环槽磨损、活塞裙部拉伤或磨损及活塞头烧蚀等，如图 5-4 所示。

活塞销座孔裂纹

活塞环槽磨损

活塞裙部拉伤

活塞头烧蚀

图 5-4 活塞的常见损伤

（1）活塞销座孔磨损或裂纹

活塞在工作时因气体压力和交变惯性力的作用,使活塞销与活塞孔座之间发生磨损,其最大磨损发生在座孔的上下方,垂直于活塞销座孔与活塞轴线平行的方向。

（2）活塞环槽磨损

活塞环槽的磨损是活塞的最大磨损部位,其中第一道环槽的磨损最为严重。活塞在高速往复运动中,因气体压力的作用,使活塞环对环槽的冲击很大,加上高温的影响使环槽的下平面磨损大,上平面磨损小,并呈现内小外大的梯形。

（3）活塞裙部磨损

一般活塞裙部的磨损较小,当活塞裙部与缸壁间隙过大时,发动机易出现敲缸,并有严重的窜气现象。

（4）活塞头烧蚀

活塞头烧蚀的主要原因是发动机在超负荷或爆燃条件下长时间工作。若某一机型容易出现烧顶,一般还与活塞的材料和设计有关。

（5）活塞刮伤

活塞刮伤主要是因活塞与气缸壁的配合间隙过小而使润滑条件变差,以及气缸内壁严重不清洁,有较多和较大的机械杂质进入摩擦表面而引起的,如图5-5所示。

图 5-5　活塞刮伤　　　　　　　图 5-6　活塞销磨损

二、活塞销的常见损伤形成及成因

发动机工作时,活塞销要承受燃气的压力和活塞连杆组件惯性力的作用,其负荷的大小和方向是周期性变化的,对活塞销产生较大的冲击作用。活塞销与活塞销座孔和连杆衬套的配合精度要求很高,在发动机正常工作（达到工作温度）时,全浮式活塞销与活塞销座和连杆衬套存在微小的间隙。因此,活塞销可在销座孔和连杆衬套内自由转动,使活塞销的径向磨损较均匀,磨损速率也较低,如图5-6所示。

因活塞销在发动机工作时,承受较大的冲击载荷。当活塞销与活塞销座和连杆衬套的配合间隙超过一定数值时,即配合松旷,从而引发外部发动机的异响故障。

【任务实施】

按照计划,参考汽车使用手册,进行活塞与活塞销的检修。

一、实施方案

1.注意事项

参照厂家的质量标准要求,严格按照安全操作规程进行项目作业,自觉按照文明生产规则和环境保护要求进行拆装与检测。在满足厂家的生产规范和质量要求的前提下,能熟练、快速地对活塞与活塞销进行检测。读取测量值时,微分筒刻度应与视线垂直。在距离活塞裙部 12.6 mm 处,用外径千分尺测量与活塞销孔成直角的活塞直径。

2.组织方式

每 4 位同学一组,检修 07 款卡罗拉 1.6L／AT 轿车 1ZR-EF 发动机的活塞连杆组,并按照企业岗位操作规范进行作业。

3.作业准备

● 技术要求与标准:见表 5-1。

表 5-1　丰田卡罗拉 1ZR-FE 发动机技术标准

任　务	标准值/mm	极限值/mm
活塞直径	80.461~80.471	80.471

● 设备器材:如图 5-7 所示。

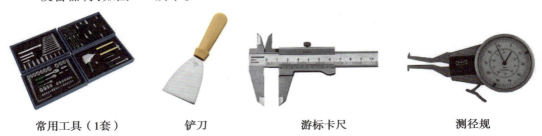

常用工具（1套）　　　铲刀　　　游标卡尺　　　测径规

图 5-7　设备器材

● 场地设施:消防设施的场地。

● 设备设施:07 款卡罗拉 1.6L／AT 轿车 1ZR-FE 发动机 1 台,发动机台架,以及工具车、零件车、垃圾桶。

● 耗材:干净抹布、泡沫清洗剂。

二、操作步骤

1.清洁活塞连杆组零件

①选用铲刀或折断的活塞环清除活塞环槽内的积炭、油污,如图 5-8 所示。

图 5-8　清洁活塞环槽

②使用压缩空气吹净活塞环槽。

③清除活塞环上的积炭和油污。

2.检测活塞的直径

在距离活塞裙部 12.6 mm 处,用外径千分尺测量与活塞销孔成直角的活塞直径。如果活塞直径不符合规定,则更换活塞,如图 5-9 所示。

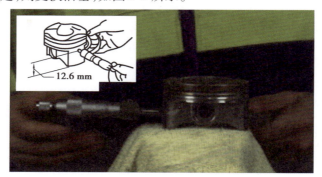

图 5-9　测量活塞裙部尺寸

活塞与气缸配合尺寸见表 5-2。

表 5-2　活塞与气缸配合尺寸/mm

尺寸名称	活塞直径	气缸直径
基本尺寸	80.461	80.500
修理尺寸	80.961	81.00

3.检测活塞销与活塞孔的配合间隙

(1)检测活塞销孔直径

①清洁活塞销孔表面,如图 5-10 所示。

②检查活塞销孔有无明显裂纹或异常磨损,如图 5-11 所示。

③选用并清洁测径规,检查并校准测径规,如图 5-12 所示。

④按下压缩手柄,将测径规伸入活塞销孔,松开压缩手柄,观察指针刻度,读取并记录测量值,如图 5-13 所示。

图 5-10　清洁活塞销孔表面

图 5-11　检查活塞销孔

图 5-12　校准测径规

图 5-13　测量活塞销孔

⑤按下压缩手柄,取出测径规,并使测径规旋转 90°,进行第二次测量,测量所得平均值与标准数值作对比。若直径不符合规定,则更换活塞。

> ☆ **注意事项**
>
> 测量时,应缓慢松开压缩手柄,避免损坏零件。
>
> 测量时,测径规测针应避开锁止卡销槽及槽口。
>
> 松开压缩手柄后,不能旋转测径规。
>
> 读取测量值时,视线应与测径规表面垂直。

（2）检查活塞销直径

①清洁活塞销表面,并检查其有无明显裂纹或异常磨损,如图 5-14 所示。

图 5-14　检查活塞销表面

②选用外径千分尺,并清洁、检查、校准。

③使用千分尺分别测量活塞销直径和长度,锁止锁紧装置,取下千分尺并读取测量值。测量所得平均值与标准数值作对比。若直径不符合规定,则更换活塞、活塞销。

④以同样方法,测量活塞销上、中、下3个测量点,如图5-15所示。

图 5-15　测量活塞销直径

☆ **注意事项**

活塞销两端测量点与上下平面各自保持 5 mm 的距离。

读取测量值时,微分筒刻度应与视线垂直。

【任务小结】

1.活塞与活塞销的常见损伤形式

活塞的常见损伤形式主要有活塞销座孔磨损或裂纹、活塞环槽磨损和活塞裙部拉伤或磨损等。由于活塞销在发动机工作时承受较大的冲击载荷,因此,当活塞销与活塞销座和连杆衬套的配合间隙超过一定数值时,就会因配合松旷而发生异响。

2.活塞与活塞销的检修

①清洁活塞连杆组。

②检测活塞销和活塞孔的配合间隙。

测试练习

一、判断题

1.磨损后的气缸,在其活塞环有效行程内总是呈上小下大的锥形。　　　　　　　(　)

2.活塞销的磨损将引起漏气和烧机油的情况。　　　　　　　　　　　　　　　(　)

3.为了保证活塞销两个座孔铰削的同轴度,应选用长刃铰刀,使一刀能同时铰削两个座孔。

(　)

4.活塞顶是燃烧室的一部分,活塞头部主要用来安装活塞环,活塞裙部可起导向的作用。

(　)

5.采用双金属活塞的目的是提高活塞强度。　　　　　　　　　　　　　　　　(　)

二、选择题

1.活塞的最大磨损部位是（　　　）。

　　A.活塞环槽　　　　　B.活塞销座孔　　　　C.活塞裙部

2.活塞在工作状态下发生椭圆变形,其长轴在(　　　)。

　　A.垂直于活塞销座轴线方向　　　　　　B.平行于活塞销座轴线方向

　　C.没有什么具体规律

3.为了保护活塞裙部表面,加速磨合,在活塞裙部较多采用的措施是(　　　)。

　　A.涂润滑脂　　　　B.喷油润滑　　　　C.镀锡

【任务评价】

本任务的任务评价见表 5-3。

表 5-3　任务评价表

序　号	内　　容	分　值	得　分
1	清洁活塞连杆组与测量活塞	50	
2	检测活塞销和活塞孔的配合间隙	50	
总　分		100	

注:操作规范即得分,操作错误或未进行操作即 0 分。

学习任务二 检修活塞环

任务目标

- 能正确描述活塞环的常见损伤形式及成因;
- 能掌握活塞环的检修方法。

学习重点

- 活塞环常见损伤形式及其对应的检修方法。

活塞环是柴油机中形状简单而作用十分重要的零部件,它密封燃烧室,以保证发动机正常工作。同时,它的工作条件又是极苛刻的,在高温、高压下工作,运动方向、运动速率变化又很大,工作过程中极易受到损伤。活塞环折断、走对口和漏气是活塞环的常见故障。这些故障破坏活塞环的正常工作,造成发动机工作性能恶化,使用寿命缩短,甚至出现漏气、烧机油的现象,影响发动机的动力性与经济性。

本任务将阐述活塞环的结构与原理,以及发动机活塞环的使用与检查方法,提高学生对活塞环的认识,并通过检修 07 款的丰田卡罗拉汽车活塞环,掌握对汽车活塞环的检修。

【知识准备】

活塞连杆组件是发动机的重要组合件。其技术状况的好坏对发动机工作的影响特别明显。在发动机大修作业中,活塞连杆组件的修理是一项重要的修理任务。

活塞环的常见损伤形式主要有活塞环的磨损、弹性减弱和折断等,如图 5-16 所示。

（a）活塞环磨损 　　　　　　　（b）活塞环折断

图 5-16　活塞环常见的损伤

1.活塞环的磨损

活塞环的磨损主要是由高温、高压燃气的作用,活塞环往复运动的冲击,以及润滑不良所致的。

2.活塞环的折断

在使用中,受高温燃气的影响,活塞环的弹性逐渐减弱,造成活塞环对气缸壁的压力降低,气缸的密封性变差,出现漏气和窜机油现象,使发动机的动力性下降,经济性变差。活塞环因安装不当或端隙过小,发动机在高温、大负荷条件下工作时,端隙抵死而卡滞在气缸内,在活塞的冲击负荷作用下而断裂。

【任务实施】

按照计划,参考汽车使用手册,进行活塞环的检修。

一、实施方案

1.注意事项

参照厂家的质量标准要求,严格按照安全操作规程进行项目作业,自觉按照文明生产规则和环境保护要求进行拆装与检测。在满足厂家的生产规范和质量要求的前提下,能熟练、快速地对活塞环进行检修。将环置入环槽内,环应低于环岸,且能在槽中滑动自如,无明显松旷感觉即可。

2.组织方式

每 4 位同学一组,检修 07 款卡罗拉 1.6L/AT 轿车 1ZR-EF 发动机的活塞环,并按照企业岗位操作规范进行作业。

3.作业准备

● 技术要求与标准:见表5-4。

表5-4　丰田卡罗拉1ZR-FE发动机技术标准/mm

间隙部位	名　称	标准值	磨损极限值
端隙	第一道气环	0.2~0.3	0.50
	第二道气环	0.3~0.5	0.70
	油环	0.1~0.4	0.70
侧隙	第一道气环	0.02~0.07	0.07
	第二道气环	0.02~0.06	0.06
	油环	0.02~0.065	0.065
—	连杆轴承盖紧固螺栓	6.6~6.7	6.4

● 设备器材:如图5-17所示。

常用工具（1套）　　　铲刀　　　塞尺

图5-17　设备器材

● 场地设施:消防设施的场地。

● 设备设施:07款卡罗拉1.6L/AT轿车1ZR-FE发动机1台,发动机台架,以及工具车、零件车、垃圾桶。

● 耗材:干净抹布、泡沫清洗剂。

二、操作步骤

1.测量活塞环侧隙

①选择塞尺,测量1号活塞环槽间隙,把1号环放在1号环槽内,轻轻转动一周后,活塞环应能自由转动,无阻滞现象。

②选用合适的塞尺进行测量。如果环槽间隙不符合规定,则应更换活塞。

③用同样的方法测量2号环槽间隙以及油环槽间隙。如果不符合规定,则应更换活塞。

活塞环标准侧隙见表5-5。

表 5-5　活塞环标准侧隙

活塞环	标准侧隙/mm
1 号环	0.02~0.07
2 号环	0.02~0.06
油环	0.02~0.065

2.测量活塞环端隙

①用压缩空气吹净气缸壁,用清洁布清洁塞尺。

②将第一道压缩环放入相对应的气缸内,如图 5-18 所示。

图 5-18　嵌入第一道压缩环

图 5-19　将活塞环推入活塞底部

③用未装活塞环的活塞从气缸体顶部将活塞环推至活塞底部使其行程超过 50 mm,如图 5-19 所示。

④用塞尺测量第一道活塞环的端隙,如图 5-20 所示。若端隙大于最大值,则应更换活塞环。如果新的活塞环仍大于最大值,则应按修理尺寸法或镶套法修复气缸体。参照上述方法,测量其他活塞环端隙,并与标准数据作对比分析。活塞环端隙见表 5-6。

图 5-20　用塞尺测量各环的端隙

表 5-6　活塞环端隙/mm

活塞环	标准端隙	最大端隙
1 号环	0.2~0.3	0.5
2 号环	0.3~0.5	0.7
油环	0.1~0.4	0.7

☆ **注意事项**

　　用经验法判断活塞环的侧隙和背隙。

　　将环置入环槽内,环应低于环岸,且能在槽中滑动自如,无明显松旷感觉即可。

【任务小结】

　　1.活塞连杆组件的常见损伤形式

　　活塞环的常见损伤形式主要有活塞环的磨损、弹性减弱和折断等。

　　2.活塞连杆组件的检修

　　①清洁活塞连杆组。

　　②检测活塞环侧隙、端隙。

测试练习

一、判断题

1.活塞环边隙过小会造成拉缸事故。　　　　　　　　　　　　　　　　　　　(　　)

2.气环的密封除了靠自身的弹力外,主要还是靠少量高压气体作用在环背产生的背压。

　　　　　　　　　　　　　　　　　　　　　　　　　　　　　　　　　　　(　　)

3.如果气环失去弹性,其第一密封面不会建立,但并不影响其第二次密封的效果。

　　　　　　　　　　　　　　　　　　　　　　　　　　　　　　　　　　　(　　)

4.只有在活塞下行时,油环才能将气缸壁上多余的机油刮回油底壳。　　　(　　)

5.扭曲环的扭曲方向取决于其切口的位置。　　　　　　　　　　　　　　　(　　)

二、选择题

1.活塞环背隙过小,将会造成(　　　　)。

　　A.气缸和活塞磨损加剧　　　　　　　　B.背压增大

　　C.气缸密封性降低

2.在负荷较高的柴油机上,第一环常采用(　　　　)。

　　A.矩形环　　　　　　B.扭曲环　　　　　　C.锥面环

3.为了减轻磨损,通常对(　　　　)进行镀铬。

　　A.第一道环　　　　　B.所有气环　　　　　C.油环

【任务评价】

　　本任务的任务评价见表5-7。

表 5-7　任务评价表

序　号	内　容	分　值	得　分
1	清洁活塞连杆组	50	
2	检测活塞环侧隙、端隙	50	
总　分		100	

注：操作规范即得分，操作错误或未进行操作即 0 分。

／学习任务三／　检修活塞连杆组

任务目标

- 能正确描述活塞连杆的常见损伤形式及成因；
- 能掌握活塞连杆的检修方法。

学习重点

- 活塞连杆常见损伤形式及其对应的检修方法。

连杆组由连杆体、连杆大头盖、连杆小头衬套、连杆大头轴瓦及连杆螺栓（或螺钉）等组成。连杆组承受活塞销传来的气体作用力及其本身摆动和活塞组往复惯性力的作用，这些力的大小和方向都是周期性变化的。因此，连杆受到压缩、拉伸等交变载荷的作用。连杆必须有足够的疲劳强度和结构刚度。疲劳强度不足，往往会造成连杆体或连杆螺栓断裂，进而产生整机破坏的重大事故。若刚度不足，则会造成杆体弯曲变形及连杆大头的失圆变形，导致活塞、气缸、轴承及曲柄销等偏磨。连杆技术状况的好坏对发动机工作的影响特别明显。在发动机大修作业中，活塞连杆组件的修理是一项重要的修理任务。

本任务将阐述连杆组的构造与原理，以及发动机连杆组的使用与检查方法，提高学生对连杆组的认识，并通过检修 07 款丰田卡罗拉汽车连杆组，掌握对汽车连杆组的检修。

【知识准备】

连杆组件的常见损伤形式有连杆的变形和断裂、连杆轴承和连杆小头衬套的磨损、连杆螺栓的损伤等，如图 5-21 所示。

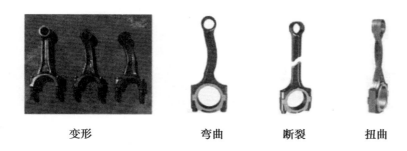

|变形|弯曲|断裂|扭曲|

图 5-21　连杆常见损伤

1.连杆的变形与断裂

发动机工作中,因超负荷工作等原因而产生复杂的交变载荷,将使连杆杆身发生弯曲、扭曲等变形,严重时可导致连杆断裂。

连杆的弯曲是指连杆小端轴线与连杆大端轴线在轴线平面内的平行度误差;连杆的扭曲是指连杆小端轴线与连杆大端轴线在轴线平面法向上的平面度误差。

连杆变形后,使活塞在气缸中歪斜,引起活塞与气缸、连杆轴承与连杆轴颈偏磨,将对曲柄连杆机构的工作产生很大的影响。因此,在发动机修理过程中,应对连杆的弯、扭变形进行检验和校正。

2.连杆轴承和连杆小头衬套的磨损

连杆轴承的主要损伤形式是磨损、合金层疲劳剥落及黏着咬死等,如图 5-22 所示。当连杆轴承与轴颈的径向间隙过大后,轴承对润滑油流动阻尼能力减弱,润滑油压下降,从而使连杆轴承与轴颈之间的油膜不易建立,破坏了轴承的正常润滑;加之引起的冲击载荷,又造成轴承疲劳应力剧增,轴承疲劳而导致黏着咬死,使发动机丧失工作能力。因此,在行车之前,应注意发动机机油压力的变化,听是否有异响。如发现异常,应立即停车检修。

|连杆轴承磨损|连杆轴承剥落|连杆小头衬套磨损|

图 5-22　连杆轴承和连杆小头衬套的磨损

3.连杆螺栓的损伤

连杆螺栓与螺母在工作中,因受很大的交变载荷作用,会发生螺栓拉长变形、裂纹、螺纹损坏等损伤,严重时甚至断裂,造成严重事故,如图 5-23 所示。

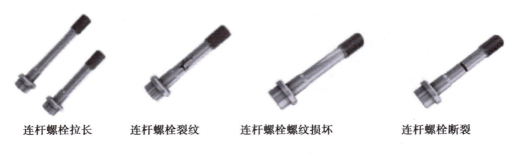

连杆螺栓拉长　　　连杆螺栓裂纹　　　连杆螺栓螺纹损坏　　　连杆螺栓断裂

图 5-23　螺栓的损坏形式

【任务实施】

按照计划,参考汽车使用手册,进行活塞连杆组的检修。

一、实施方案

1.注意事项

参照厂家的质量标准要求,严格按照安全操作规程进行项目作业,自觉按照文明生产规则和环境保护要求进行拆装与检测。在满足厂家的生产规范和质量要求的前提下,能熟练、快速地对连杆进行检测,测量连杆头内径时,测径规测针应避开连杆小头油孔。

2.组织方式

每 4 位同学一组,检修 07 款卡罗拉 1.6L/AT 轿车 1ZR-EF 发动机的活塞连杆组,并按照企业岗位操作规范进行作业。

3.作业准备

• 技术要求与标准见表 5-8 和表 5-9。

表 5-8　丰田卡罗拉 1ZR-FE 发动机技术标准 1/mm

任　务	标准值	极限值
连杆轴向间隙	0.160~0.342	0.342
连杆油膜间隙	0.030~0.062	0.07

表 5-9　丰田卡罗拉 1ZR-FE 发动机技术标准 2/mm

间隙部位	名　称	标准值	磨损极限值
—	连杆轴承盖紧固螺栓	6.6~6.7	6.4

• 设备器材:如图 5-24 所示。

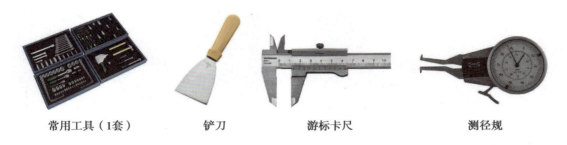

| 常用工具（1套） | 铲刀 | 游标卡尺 | 测径规 |

图5-24 设备器材

● 场地设施：消防设施的场地。

● 设备设施：07款卡罗拉1.6L／AT轿车1ZR-FE发动机1台、发动机台架，以及工具车、零件车、垃圾桶。

● 耗材：干净抹布、泡沫清洗剂。

二、操作步骤

1.检测连杆小头孔径

①清洁连杆小头表面，并检查连杆小头有无明显裂纹或异常磨损，如图5-25所示。

②选用测径规，并清洁、检查、校准。

③按下压缩手柄，将测径规伸入连杆小头，松开压缩手柄观察指针刻度，读取并记录测量值。

④按下压缩手柄，取出测径规，旋转90°进行第二次测量，测量所得平均值与标准数值作对比。若直径不符合规定，则应更换连杆，如图5-26所示。

> ☆ **注意事项**
>
> 测量时，测径规测针应避开连杆小头油孔。

图5-25 检查连杆小头

图5-26 测量连杆小头孔径

2.检测连杆轴承盖紧固螺栓

①观察连杆轴承盖紧固螺栓是否有明显变形，如图5-27所示。

图 5-27　连杆轴承盖紧固螺栓外观检查

图 5-28　拧紧连杆轴承盖紧固螺栓

②观察螺纹，分别把连杆轴承盖紧固螺栓拧到连杆螺栓孔内，观察是否能容易地拧到底，如图 5-28 所示。

③清洁，校对游标卡尺。

④用游标卡尺测量螺栓受力部分的直径。标准直径为 6.6～6.7 mm，最小直径为 6.4 mm。如果直径小于最小值，则应更换连杆螺栓，如图 5-29 所示。

图 5-29　测量螺栓受力部分的直径

3.检测连杆轴承轴向间隙

①用清洁布清洁连杆轴颈、下轴承，并用压缩空气吹净。

②用清洁布清洁连杆轴承盖外表面，并用压缩空气吹净。

③先将磁性表座吸附在气缸体上，调整好百分表，使百分表表头紧贴在轴承盖的侧面上，然后对百分表预压（1 mm）、调零。

④用手前后移动连杆轴承盖，同时观察百分表数值。连杆轴向间隙为百分表左右偏摆值之和。

⑤若轴向间隙大于最大值，则更换连杆总成。

4.检测连杆轴承油膜间隙

①在连杆轴颈、连杆下轴承涂抹少量润滑油。

②按轴承宽度，切割塑料测量条长度，将塑料测隙规沿轴向放在连杆轴颈和连杆下轴承之间。

③安装连杆轴承盖。

④拆下连杆轴承盖。

⑤测量塑料测隙规的最宽处。

⑥若油膜间隙大于最大值,则更换连杆轴承。

【任务小结】

1.连杆与连杆轴瓦的常见损伤形式

连杆组件的常见损伤形式有连杆的变形和断裂、连杆轴承和小端衬套的磨损、连杆螺栓的损伤等。

2.活塞连杆组件的检修

①检测连杆轴承盖紧固螺栓。

②检测连杆轴承轴向间隙。

③检测连杆轴承油膜间隙。

测试练习

一、判断题

1.连杆弯扭会造成气缸磨损成椭圆。 （　　）

2.连杆螺栓产生裂纹,丝扣滑牙,可以通过焊修后重新加工出螺纹再使用。 （　　）

3.连杆如有弯曲和扭曲,应首先校正弯曲,再校正扭曲。 （　　）

4.连杆的连接螺栓必须按规定力矩一次拧紧,并用防松胶或其他锁紧装置紧固。

（　　）

二、选择题

1.连杆轴颈的最大磨损通常发生在（　　　　）。

　A.靠近主轴颈一侧 　　　　　　　　　　B.远离主轴颈一侧

　C.与油道孔相垂直的方向

2.连杆大头做成分开式的目的是（　　　　）。

　A.便于加工 　　　　B.便于安装 　　　　C.便于定位

3.若连杆检验仪量规的上测点与平板接触,下面两个测点与平板存在相等的间隙,则表明连杆发生了（　　　　）。

　A.弯曲 　　　　　　B.扭曲 　　　　　　C.双重弯曲

【任务评价】

本任务的任务评价见表5-10。

表 5-10　任务评价表

序　号	内　容	分　值	得　分
1	检测连杆轴承盖紧固螺栓	30	
2	检测连杆轴承轴向间隙	30	
3	检测连杆轴承油膜间隙	40	
得分		100	

注:操作规范即得分,操作错误或未进行操作即 0 分。

/学习任务四/　检修气缸体与气缸盖

任务目标

● 能正确描述气缸体与气缸盖的常见损伤形式及成因;
● 能掌握气缸体与气缸盖的检修方法。

学习重点

● 气缸体与气缸盖常见损伤形式及其对应的检修方法。

气缸体是发动机的主体。它将各个气缸和曲轴箱连成一体,是安装活塞、曲轴以及其他零件和附件的支承骨架。气缸盖的作用是密封气缸,与活塞共同形成燃烧空间。两者应具有足够的强度和刚度,但气缸体与气缸盖承受高温、高压燃气的作用,气缸盖与气缸体承受气体力和紧固气缸螺栓所造成的机械负荷,同时还因与高温燃气接触而承受很高的热负荷,故气缸体与气缸盖也是较容易损坏的构件。如果有损坏,则应进行检测。

本任务将阐述气缸体与气缸盖的构造与原理,以及发动机气缸体与气缸盖的使用与检查方法,提高学生对气缸体与气缸盖的认识,并通过检修 07 款丰田卡罗拉汽车气缸体与气缸盖,掌握对汽车气缸体与气缸盖的检修。

【知识准备】

一、气缸体的常见损伤形式及成因

气缸体的常见损伤形式有气缸体裂纹、气缸体腐蚀、气缸体翘曲、气缸体螺纹孔损坏、气缸体平面变形、气缸磨损及气缸体其他损伤,如图 5-30 所示。

气缸体裂纹　　　　　　　　　气缸体翘曲

图 5-30　气缸体的损伤形式

1.气缸体裂纹

产生气缸体裂纹的原因如下：

①气缸体铸造时受残余应力的影响以及气缸体在生产中缸壁厚薄不均,强度不足。

②气缸体承受动载荷的冲击,超负荷工作形成的交变应力过载。

③气缸体主油道堵头一般是用锥形螺纹,装配不当使气缸体形成裂纹。

2.气缸体腐蚀

气缸体腐蚀的主要原因是使用了不符合要求的冷却液。被腐蚀的部位一般是从冷却液孔向四周呈辐射状延伸,最终导致发动机漏水、相邻气缸发生窜气、压力较高的机油进入水道、冷却水进入曲轴箱等故障发生,使发动机无法正常工作。

3.气缸体翘曲

气缸体翘曲的原因如下：

①发动机经常出现过热,气缸体受热不均匀。

②装配时,气缸盖螺栓拧紧力不均匀,拧紧顺序不符合规定。

③螺纹孔污物未清理干净。

4.气缸体螺纹孔损坏

气缸体螺纹孔损坏的原因如下：

①装配时,螺栓没有拧紧。

②使用了螺纹已损坏的螺栓。

③螺栓的拧紧力矩过大。

④非贯通螺孔内有污物,致使螺栓拧入时顶坏螺纹。

气缸体螺纹孔损伤一般用直观法检查。当螺纹孔螺纹损坏多余 2 牙时,需要修复。

5.气缸磨损

（1）气缸磨损的规律

● 气缸轴向截面的磨损规律:沿气缸轴向截面的磨损,在活塞环有效行程范围内,呈上大下小的锥形,在第一道活塞环上止点处磨损最大;活塞环接触不到的气缸口部位几乎没有磨损,形成明显的台肩,称为"缸肩";活塞下止点油环以下的部位,气缸的磨损也很小,如图5-31 所示。

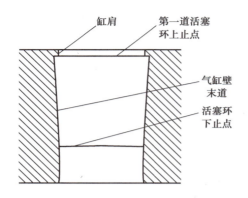

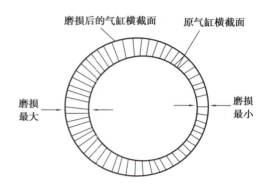

图 5-31　气缸轴向截面的磨损规律　　　　图 5-32　气缸径向截面的磨损规律

● 气缸径向截面的磨损规律：在平行于气缸圆周方向的横截面上，气缸的磨损也是不均匀的，磨损呈不规则的椭圆形，一般是前后方向磨损较大，如图 5-32 所示。

在同一台发动机上，不同气缸的磨损情况不尽相同。一般水冷式发动机的第一缸和最后一缸的磨损较为严重。

（2）气缸磨损的原因

气缸磨损的原因如下：

①发动机工作时，气缸上部压力大，温度高，润滑油膜易被破坏，磨损较气缸下部大。另外，气缸表面还存在腐蚀磨损和磨料磨损。腐蚀磨损主要是因燃烧过程中产生的二氧化硫等物质引起的；磨料磨损主要是因空气中的灰尘、机油中的机械杂质和发动机自身的磨屑等硬质颗粒造成的。

②气缸表面径向磨损成不规则的椭圆形，与发动机的工作条件、结构、冷却系统技术状况及修理装配质量等因素有关。

③发动机长期在较低的温度下工作，磨损尤为剧烈。

二、气缸盖的常见损伤形式及原因

气缸盖的常见损伤有气缸盖平面翘曲变形、气缸盖烧蚀、气缸盖裂纹、气缸盖腐蚀与击伤及气缸盖螺纹孔损坏，如图 5-33 所示。

气缸盖烧蚀

气缸盖裂纹

图 5-33　气缸盖损伤

1.气缸盖平面翘曲变形

气缸盖平面翘曲变形主要是指气缸盖平面度误差过大。其变形的主要原因如下：

①气缸盖工作时受热不均匀。

②装配时，气缸盖螺栓拧紧力不均匀，螺纹孔有堵塞现象，螺栓不贯穿螺纹孔，出现虚假拧紧。

③拧紧顺序不符合规定。

2.气缸盖裂纹

气缸盖出现裂纹的主要原因如下：

①在发动机过热时，突然添加冷水，使气缸体所受热应力突变而产生裂纹。

②气缸体铸造时受残余应力的影响以及气缸体在生产中缸壁厚薄不均，强度不足。

3.气缸盖腐蚀与击伤

气缸盖腐蚀的主要原因是使用了不符合要求的冷却液，被腐蚀的部位一般是从冷却液孔向四周呈辐射状延伸，会导致发动机漏水，相邻气缸发生窜气，使发动机无法正常工作。根据腐蚀的深浅，气缸附近等关键部位应更换。腐蚀不严重的非关键部位或无配件更换时，可采用钻孔铆填金属方法等修复。

4.气缸盖螺纹孔损坏

气缸盖螺纹孔损坏的主要原因和气缸体螺纹孔损坏的原因类似。

【任务实施】

按照计划、参考汽车使用手册，进行气缸体与气缸盖的检修。

一、实施方案

1.注意事项

参照厂家的质量标准要求，严格按照安全操作规程进行项目作业，自觉按照文明生产规则和环境保护要求进行拆装与检测。在满足厂家的生产规范和质量要求的前提下，能熟练、快速地对气缸体与气缸盖的检测。量缸表测杆进出气缸以及在气缸内不同位置测量时，量缸表杆应向固定测量杆方向倾斜后移动，切不可直线拖动或转动，以免损坏量具。上截面是距离气缸体上平面约 10 mm 处，中截面是整个活塞行程的中间位置，下截面是距离下平面约 10 mm 处。

2.组织方式

每 4 位同学一组，检修 07 款卡罗拉 1.6L/AT 轿车 1ZR-FE 发动机的气缸体和气缸盖，并按照企业岗位操作规范进行作业。

3.作业准备

● 技术要求与标准：见表 5-11 和表 5-12。

表 5-11　丰田卡罗拉 1ZR-FE 发动机技术标准 1

任　务	标准数据/mm
气缸盖与气缸接合平面的平面度公差	0.05
进气歧管侧平面度公差	0.10
排气歧管侧平面度公差	0.10
50 mm×50 mm 范围内的平面度公差	0.05
气缸盖固定螺栓最大长度	86.7
气缸盖固定螺栓最小外径	9.1

表 5-12　丰田卡罗拉 1ZR-FE 发动机技术标准 2/mm

活塞与气缸的配合尺寸	活塞直径	气缸直径
标准尺寸	80.461	80.500
修复尺寸	80.961	81.00
测量值与标准尺寸的最大偏差	0.013	

● 设备器材：如图 5-34 所示。

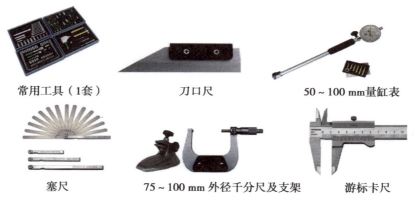

常用工具（1套）　　　刀口尺　　　50～100 mm 量缸表

塞尺　　　75～100 mm 外径千分尺及支架　　　游标卡尺

图 5-34　设备器材

● 场地设施：消防设施的场地。

● 设备设施：07 款卡罗拉 1.6L/AT 轿车 1ZR-FE 发动机 1 台，水压试验设备，发动机台架，以及工具车、零件车、垃圾桶。

● 耗材：染色剂、干净抹布、泡沫清洗剂。

二、操作步骤

1.气缸体的检修

（1）气缸体裂纹的检修

气缸体产生的明显裂纹可直接观察检查。细微裂纹和内部裂纹用水压实验的方法进行检查,通常要求水压为 350~450 kPa,并保持 5 min,如发现气缸体、气缸盖有水渗出时,即表明该处有裂纹,如图 5-35 所示。如果有裂纹,则更换气缸体。

图 5-35　水压试验法检测气缸体

（2）气缸体腐蚀的检修

检修气缸体腐蚀时,一般看腐蚀的深浅与部位,对气缸、水道等关键部位,应换用新件。对腐蚀较浅、非关键部位或无配件时,可选择钻孔铆填金属等方法修复,在缸体尺寸变化的许可范围内,也可采取铣、磨等修复方法修复。

（3）气缸体翘曲的检修

①清理气缸体上下平面及内外部的油垢、积炭和水垢。用铲刀将所有衬垫材料从气缸体顶面清除掉(见图 5-36),然后用软刷和溶剂彻底清洗气缸体。

图 5-36　清理气缸体

②用刀口尺和塞尺,测量与气缸盖衬垫接触的表面的翘曲度。将刀口尺放在缸体上平面如图 5-37 所示的位置上,用塞尺测量刀口尺与上平面的间隙,塞入塞尺的最大厚度即是气缸体表面的翘曲度。丰田卡罗拉 ZR-EF 发动机的最大翘曲度为 0.05 mm。如果翘曲度大于最大值,则更换气缸体。

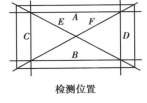

图 5-37　气缸体平面翘曲度检测

117

（4）气缸体螺纹孔损坏的检修

气缸体螺纹孔损伤一般采用直观法检查。当螺纹孔螺纹损坏多于 2 牙时,需修复。一般螺纹孔的修复是在有可能加深螺孔时,加大螺纹的深度,保证螺纹长度。另外,可采用镶螺套法,即使用内径同气缸盖上原螺纹的尺寸,外径同被加大了的气缸体螺纹孔尺寸的螺套,将螺孔套旋入气缸体上加大的螺孔中,拧紧并铆固再将平面修平。

（5）气缸磨损的检修

①清洁气缸体各气缸表面(清除水垢、积炭和锈蚀等),检查气缸表面是否有刮痕和拉伤。

> ☆ **注意事项**
>
> 　若刮痕和拉伤较严重,应查找并分析原因。

②清洁、检查和校准游标卡尺、外径千分尺、量缸表等量具。

③用游标卡尺测量气缸上口直径,确定气缸修理级别,如图 5-38 所示。

图 5-38　测量气缸上口直径

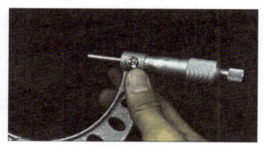
图 5-39　调整外径千分尺

④将外径千分尺装入支架,调整千分尺至气缸标准直径 80.50 mm 并锁紧,如图 5-39 所示。

⑤根据气缸标准直径,在外径千分尺上校正量缸表。

a.根据气缸标准尺寸,选择合适的固定测量杆,并装入量缸表的下端。

> ☆ **注意事项**
>
> 　接杆装好后,活动伸缩杆的总长度应与被测气缸尺寸相适应。

b.将百分表装入量缸表把手上端的孔内,并使其小指针对准零位,然后锁紧。推动并放松量缸表的活动测量杆,每次百分表的指针应能回到同一位置,如图 5-40 所示。

c.在外径千分尺上调整量缸表固定测量杆的长度,使百分表继续压缩 1.0～1.5 mm(小指针指示 1.5～2.0 mm)。

d.在外径千分尺上,上下、左右旋轻微摆动量缸表,使百分表的大指针顺时针摆动到最大位置,然后转百分表表盘,使其零位与大指针对齐。

⑥将量缸表测杆伸入气缸测量,测量时应在测杆与气缸轴线保持垂直位置时,读取测量值,如图 5-41 所示。

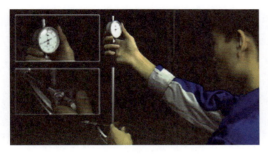

图 5-40　校正量缸表

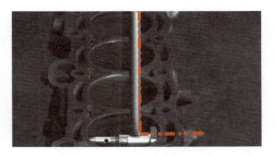

图 5-41　测量气缸缸径

☆ **注意事项**

　　摆动量缸表,其大指针指示到最小读数时,即表示测杆已垂直于气缸轴线,记录测量读数。

　　⑦根据气缸磨损规律,在气缸的上部、中部和下部的 3 个截面上,进行横向($B—B'$)和纵向($A—A'$)的直径测量,记录相关数据。

☆ **注意事项**

　　量缸表测杆进出气缸以及在气缸内不同位置测量时,量缸表杆应向固定测量杆方向倾斜后移动,切不可直线拖动或转动,以免损坏量具。

　　上截面是距离气缸体上平面约 10 mm 处。中截面是整个活塞行程的中间位置。下截面是距离下平面约 10 mm 处。

　　⑧根据气缸测量值计算圆度和圆柱度误差,判断气缸技术状况。

　　⑨若气缸圆度和圆柱度超过技术标准,应计算并确定气缸修理尺寸,选择修复方法,制订气缸修复工艺。

☆ **注意事项**

　　该车型气缸体不采用镶套法修复。若气缸实际尺寸已达到最大气缸修理尺寸,则应更换气缸体。

　　2.气缸盖的检修

　　(1)气缸盖裂纹的检修

　　用染色渗透法检查进气口、排气口以及气缸体表面是否有裂纹。如果有裂纹,则应更换气缸盖。

　　(2)气缸盖翘曲的检修

　　①清洁测量工具,清洁测量平面,如图 5-42 所示。

②检测方法与气缸体的检测相同,如图 5-43 所示。

最大平面公差:气缸盖下平面 0.05 mm,歧管接触面积 0.10 mm,若翘曲度大于最大值,则应更换气缸盖。

图 5-42　清洁气缸盖测量平面

图 5-43　测量气缸盖平面度 1

③使用相同方法对气缸盖其余 5 个测量位置进行测量,如图 5-44 所示。

> ☆ 注意事项
>
> 　使用刀口尺时,要轻拿轻放。
>
> 　刀口尺测量时,要横放后再竖起,且要垂直测量平面。
>
> 　检查时,刀口尺不能在缸盖上拖动。
>
> 　在观察测量时,眼睛要与被测平面平齐。

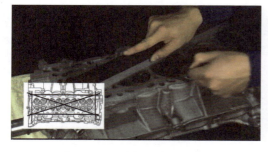

图 5-44　测量气缸盖平面度 2

图 5-45　检查气缸垫

（3）气缸垫的检修

检查气缸垫的零件型号是否与原厂一致,检查气缸垫表面是否平整,包边贴合是否牢固,是否有划痕、凹陷、褶皱以及锈蚀等现象。若存在上述现象,则应更换气缸垫,如图 5-45 所示。

（4）气缸盖螺纹孔损坏的检修

气缸盖螺纹孔损伤一般用直观法检查。当螺纹损坏多于 2 牙时,需要修复。修复方法与气缸体螺纹孔的修复相同。

【任务小结】

1.气缸体的常见损伤形式

气缸体的常见损伤形式有气缸体裂纹、气缸体腐蚀、气缸体翘曲、气缸体螺纹孔损坏、气缸体平面变形、气缸磨损及气缸体其他损伤。

2.气缸盖的常见损伤形式

气缸盖的常见损伤有气缸盖平面翘曲变形、气缸盖烧蚀、气缸盖裂纹、气缸盖腐蚀与击伤及气缸盖螺纹孔损坏。

3.气缸体的检修

①气缸体裂纹的检修。

②气缸体腐蚀的检修。

③气缸体翘曲的检修。

④气缸体螺纹孔损坏的检修。

⑤气缸磨损的检修。

4.气缸盖的检修

①气缸盖裂纹的检修。

②气缸盖翘曲的检修。

③气缸垫的检修。

④气缸盖螺纹孔损坏的检修。

测试练习

一、判断题

1.气缸盖翘曲变形的检测方法和气缸体翘曲变形的检测方法是相同的。　　　（　　）

2.气缸盖翘曲变形的主要原因是气缸盖工作时受热不均匀。　　　　　　　（　　）

3.撬松气缸盖时要注意用胶带缠住一字螺丝刀的头部,不要损坏气缸盖与气缸体之间的接触面。　　　　　　　　　　　　　　　　　　　　　　　　　　　　　　（　　）

4.拆卸气缸盖时,需按正确方向,不需要分次拧松。　　　　　　　　　　　（　　）

二、单选题

1.以下哪个是气缸体裂纹产生的原因?（　　　）

　　A.气缸体铸造时受残余应力的影响以及气缸体在生产中缸壁厚薄不均,强度不足

　　B.气缸体承受动载荷的冲击,超负荷工作行程的交变应力过载

　　C.气缸体主油道堵头没用锥形螺纹

　　D.以上都是

2.丰田卡罗拉 1ZR-EF 发动机的最大翘曲度为(　　　)mm。

　　A.0.05　　　　　　　　B.0.15　　　　　　　　C.0.5　　　　　　　　D.0.01

3.气缸盖螺纹孔损伤,当螺纹损坏多于(　　)牙时,需要修复。

　A.1　　　　　　　　B.2　　　　　　　　C.3　　　　　　　　D.4

【任务评价】

本任务的任务评价见表 5-13。

表 5-13　任务评价表

序　号	内　容	分　值	得　分
1	气缸体裂纹的检修	10	
2	气缸体腐蚀的检修	10	
3	气缸体翘曲的检修	10	
4	气缸体螺纹孔损坏的检修	10	
5	气缸磨损的检修	20	
6	气缸盖裂纹的检修	10	
7	气缸盖翘曲的检修	10	
8	气缸盖螺纹孔损坏的检修	10	
9	气缸垫的检修	10	
总　分		100	

注:操作规范即得分,操作错误或未进行操作即 0 分。

/学习任务五/　检修曲轴

任务目标

- 能正确描述曲轴的常见损伤形式及成因;
- 能掌握曲轴的检修方法。

学习重点

- 曲轴的常见损伤形式及其对应的检修方法。

曲轴是发动机的核心零件之一,发动机的全部功率都通过它输出。此外,它通过装在其自由端的齿轮传动,到达配气守时、供油守时及驱动其他辅助装置的目的,因此,曲轴如果出现了故障,不能按要求完成工作,发动机也将无法正常工作。曲轴变形是曲轴常见损伤之一。曲轴变形是指曲轴弯曲和扭转。曲轴弯曲变形反映较明显的部位是中心主轴颈处。曲轴弯曲变形后若继续使用,将加速曲轴连杆机构的磨损,甚至使曲轴产生裂纹和断裂。因此,在发动机修理中,必须对其进行检验。

本任务将阐述曲轴的构造与原理,以及发动机曲轴的使用与检查方法,提高学生对曲轴的认识,并通过检修07款丰田卡罗拉汽车的曲轴,掌握对汽车曲轴的检修。

【知识准备】

曲轴飞轮组件的主要损伤形式有曲轴的磨损、弯扭变形和裂纹等,飞轮工作平面有严重烧灼或磨损沟槽,以及飞轮齿圈有断齿或齿端冲击耗损等,如图 5-46 所示。

　　曲轴断裂　　　　　　　曲轴裂纹　　　　　　　轴颈磨损　　　　　　曲轴弯曲

图 5-46　曲轴常见损伤

1.曲轴的磨损

因曲轴高速旋转运动,轴颈表面承受较大交变载荷的冲击作用,而且有很高的滑动速度,散热条件差,很容易造成磨损。主轴颈和连杆轴颈的磨损是不均匀的,且磨损部位具有一定的规律。主轴颈和连杆轴颈向最大磨损部位相互对应,即各主轴颈的最大磨损部位靠近连杆轴颈一侧;连杆轴颈的最大磨损部位在主轴颈一侧。

(1)连杆轴颈的磨损特点及原因

连杆轴颈的径向不均匀磨损是因发动机工作时,作用在连杆轴颈上的力沿圆周方向分布不均匀造成的。发动机工作时,连杆轴颈承受着由连杆传来的周期性变化的气体压力、活塞连杆组往复运动的惯性力及连杆大端回转运动离心力作用,这些力的合力作用在连杆轴颈内侧,方向始终沿曲柄半径向外,使连杆大头始终压紧在连杆轴内侧,从而导致连杆轴颈的内侧磨损最大。

杆轴颈轴向也呈不均匀磨损,因通往连杆轴颈的油道是倾斜的,曲轴旋转时,在离心力的作用下,与油流相背的一侧的轴承间隙形成涡流,使机械杂质偏积在连杆轴颈的这端,因而加速了这一端轴颈的磨损,使连杆轴颈磨损呈锥形。此外,连杆弯曲、连杆大头不对称结构等造成轴颈受力不均匀都会使轴颈沿轴向呈不均匀的磨损。

(2)主轴颈的磨损特点及原因

主轴颈径向的不均匀磨损主要是受连杆、连杆轴颈及曲柄壁离心力的影响,使靠近连杆轴颈一侧的轴颈与轴承间发生的相对磨损较大。实践证明,在直列式发动机中,连杆轴颈的磨损比主轴颈的磨损严重,这主要是因连杆轴颈的负荷较大、润滑较差等原因所造成的。在V形发动机中,主轴颈的磨损比连杆轴颈的磨损严重。

在发动机的使用过程中,主轴颈不均匀磨损的后果也相当严重,各轴颈不同方向的磨损导致主轴颈同轴度的破坏,这往往是某些曲轴断裂的原因。

2.曲轴弯曲与扭曲变形

曲轴产生弯曲变形是因使用不当和维修、装配不当造成的。例如,发动机在爆震和超负荷等条件下工作,个别气缸不工作或不均衡,各道主轴承松紧度不一致,以及主轴承孔同轴度偏差增大等都会造成曲轴的弯曲变形。当变形逾限后,将加剧活塞连杆组和气缸的磨损,以及曲轴和轴承的磨损。严重时,会使曲轴疲劳折断。

曲轴的扭曲变形主要是因烧瓦和个别活塞卡缸(胀缸)而造成的。当个别气缸壁间隙过小或活塞热膨胀过大,活塞运动阻力将增大,曲轴运转不均匀。发展到活塞卡缸未及时发现以及超速、超载等都会引起曲轴的扭曲变形及其他耗损。曲轴产生扭曲变形后,将使连杆轴颈分配角改变,影响发动机的配气正时和点火正时,并造成发动机振动。

3.曲轴的裂纹与断裂

曲轴的裂纹多发生在曲柄与轴颈之间的过渡圆角处以及油孔处。前者是横向裂纹,危害极大,严重时造成曲轴断裂;后者多为轴向裂纹,沿斜置油孔的锐边沿轴向发展。曲轴的横向、轴向裂纹主要是由应力集中引起的。曲轴变形和修磨不慎也会使过渡区的应力陡增,加剧曲轴的疲劳断裂。

4.曲轴的其他损伤形式

曲轴轴颈表面还可能出现擦伤和烧伤。擦伤的主要原因是机油不清洁,其中较大的机械杂质在轴颈表面刮成沟痕。烧瓦后,轴颈表面会出现严重的擦伤刮痕,轴颈表面烧灼变成蓝色。

5.飞轮的损伤

飞轮未达到图样要求的加工质量,平衡性不良,飞轮端面轴向或圆周径向跳动量过大,使两个平面不能平整地接合,摩擦不均匀,使飞轮工作呈波浪状。飞轮旋转时,因离合器在分离和结合的瞬时与飞轮平面存在转速差,造成两者相对滑动,使飞轮工作表面产生磨损。飞轮平面还会因高速摩擦所产生的高温而局部烧蚀结硬。飞轮安装到曲轴上后,若飞轮对曲轴主轴中心线的端面跳动量过大,将加速曲柄连杆机构及相关传动件的磨损,铆钉松脱,引起飞轮平面损伤。若驾驶员操作不当,或无自由行程,或离合器压盘压力不足,使离合器与飞轮经常处于半离合状态,也会加剧飞轮接触面的磨损,如图 5-47 所示。

| 飞轮裂纹 | 齿圈断齿 | 端面磨损 | 端面烧蚀 |

图 5-47　飞轮的磨损

【任务实施】

按照计划,参考汽车使用手册,进行曲轴的检测。

一、实施方案

1.注意事项

参照厂家的质量标准要求,严格按照安全操作规程进行项目作业,自觉按照文明生产规则和环境保护要求进行拆装与检测。在满足厂家的生产规范和质量要求的前提下,能熟练、快速地对曲轴进行检修。测量时,应在轴颈的整个表面上进行,而且要避开油孔。读取数据时,要正视微分筒刻度,确保测试的精确性。曲轴安放上 V 形铁时,注意安放应平稳,不能一边高一边低,造成安全隐患。安装百分表组件时,要避开曲轴销柄,避免旋转测试中损坏仪器。

2.组织方式

每 4 位同学一组,检修 07 款卡罗拉 1.6L／AT 轿车 1ZR-FE 发动机的曲轴飞轮组,并按照企业岗位操作规范进行作业。

3.作业准备

● 技术要求与标准:见表5-14。

表 5-14 技术要求与标准

任 务	标准值	极限值
曲轴主轴颈直径/mm	47.988～48.000	48.000
连杆轴颈直径/mm	43.992～44.000	44.000
曲轴主轴颈圆度、圆柱度/mm	≤0.004	0.004
曲轴径向圆跳动/mm	≤0.03	0.03
曲轴扭曲变形量/(° ′)	$\theta \leq 0°30'$	0°30'
连杆轴颈圆度、圆柱度	≤0.004	0.004
曲轴轴承油膜间隙/mm	0.016～0.039	0.050
曲轴轴向间隙/mm	0.04～0.14	0.18

● 设备器材:如图 5-48 所示。

● 场地设施:消防设施的场地。

● 设备设施:07 款卡罗拉 1.6L／AT 轿车 1ZR-FE 发动机 1 台,发动机台架,以及工具车、零件车、垃圾桶。

● 耗材:煤油、白粉、干净抹布、泡沫清洗剂。

常用工具（1套）

塑料测隙规

25～50 mm 外径千分尺

电磁探伤仪

百分表及磁性表座

V 形铁

图 5-48　设备器材

二、操作步骤

1.曲轴裂纹的检修

（1）磁力探伤法

①清洗曲轴（煤油或专用清洗液），如图 5-49 所示。

②利用磁力探伤仪将零件磁化。

③在零件可能产生裂纹处撒些磁粉。

④当磁力线通过裂纹边缘时,磁粉将会吸附在裂纹处,从而显现出裂纹的部位和大小。

图 5-49　清洗曲轴

图 5-50　在煤油中浸泡曲轴

（2）浸油敲击法

①清洗曲轴。

②将曲轴放在煤油中浸泡 10 min,如图 5-50 所示。

③取出并擦净表面油膜,然后撒上白粉。

④用手锤分段敲击(轻敲)每道曲柄臂,如有明显油迹出现,则该处有裂纹。

（3）目视检查

通过观察检查曲轴上是否有裂纹。

☆ **注意事项**

　　一经发现曲轴有横向裂纹,即应报废。对轴颈表面细微的纵向裂纹,可结合曲轴磨削予以消除。

　　2.曲轴轴颈磨损的检测

　　①清洁曲轴,检查轴颈表面有无沟痕或烧伤。

　　②清洁校准千分尺,如图 5-51 所示。

　　③将曲轴放在 V 形铁上,选用千分尺分别在径向和轴向上测出主轴颈和连杆轴颈的直径(测量多次与标准值对比分析),如图 5-52 所示。1ZR-FE 发动机曲轴主轴颈和连杆轴颈直径的标准值见表 5-15。

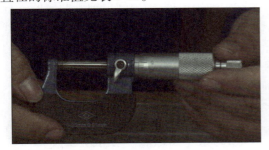

图 5-51　校准千分尺

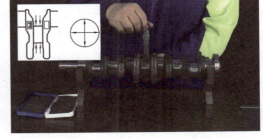

图 5-52　测量曲轴主轴颈直径

表 5-15　1ZR-FE 发动机曲轴主轴颈和连杆轴颈直径的标准值

任　务	标准值/mm	极限值/mm
曲轴主轴颈直径	47.988~48.000	48.000
连杆轴颈直径	43.992~44.000	44.000

☆ **注意事项**

　　测量应在轴颈的整个表面上进行,而且要避开油孔。

　　读取数据时,要正视微分筒刻度,确保测试的精确性。

　　④记录与计算。

　　a.圆度误差。在同一截面上测量到的最大与最小直径差值的 1/2,即为该断面的圆度误差。把在 3 个测量断面上测量到的最大的圆度误差作为该曲轴的圆度误差。

　　b.圆柱度误差。在两个断面内直径差值的 1/2,即为曲轴的圆柱度误差。

　　⑤处理意见。超过标准要求时,可用曲轴磨床按修理尺寸法对轴颈进行修磨。大修时,各轴颈的圆度和圆柱度小于或等于允许值,曲轴可不经修理直接使用;超过允许值,曲轴轴颈必须修理后方可使用。修理时,在保证磨削质量的前提下,尽可能选择最接近的修理级别,以延长曲轴的使用寿命。曲轴的连杆轴颈和主轴颈应分别磨削成同一级别的修理尺寸,

以便选配轴承,保证合理的配合间隙。在曲轴磨削时,定位基准选择的正确与否将直接影响曲轴的加工精度。

定位基准的选择原则是:根据基准统一的要求,首先应选择与曲轴制造加工时相统一的定位基准;其次,应选择在工作中不易磨损的过盈(或过渡)配合的轴颈表面。据此,在磨削主轴颈时,一般选择曲轴前端螺孔的内倒角和曲轴后端中心轴承座孔为定位基准。在磨削连杆轴颈时,可选择曲轴前端正时齿轮轴颈和曲轴后端飞轮凸缘的外圆柱面为定位基准。磨削曲轴时,应首先磨削主轴颈,然后磨削连杆轴颈。

3.曲轴弯曲变形的检测

①清洁曲轴、百分表、V形铁及表座。

②将曲轴两端未磨损的部位放置在V形铁上面,如图5-53所示。

③校对中心水平后,用百分表进行测量。

④百分表的量头应对准曲轴中间的一道(与两端主轴颈比较,因中间主轴颈两侧的气缸进气道短,进气阻力小,进气充分,燃气压力大,故中间主轴颈负荷最大,弯曲也最大)主轴颈,如图5-54所示。用手慢慢转动曲轴一圈后,百分表指示的最大摆差的1/2,即为曲轴的径向跳动(也称弯曲度)。

⑤技术标准如下:1ZR-FE发动机曲轴的径向跳动(弯曲度)未超过0.3 mm时,曲轴可不必校正或结合磨轴予以修正;若超过0.3 mm时,则予以校正或报废。

图5-53　V形铁

图5-54　对准曲轴中间的主轴

☆ 注意事项

　　曲轴安放上V形铁时,注意安放平稳,不能一边高一边低,以防造成安全隐患。

　　安装百分表组件时,要避开曲轴销柄,避免旋转测试中损坏仪器。

　　调节百分表使测针垂直抵在曲轴轴颈上且处于轴颈截面的最高点。

　　百分表的调整螺母必须锁紧,否则会因百分表松动影响测量值。

　　检测时,眼睛必须与百分表平视。

4.曲轴轴向间隙的测量

①用清洁布清洁曲轴主轴颈、下轴承,并用压缩空气吹净。

②用清洁布清洁曲轴主轴承盖外表面,并用压缩空气吹净。

③安装曲轴,使曲轴轴向止推片安装在第三道主轴承盖处,止推片的合金层应朝向曲柄臂。

④将磁性表座吸附在曲轴前端气缸体上,使百分表测量头沿曲轴轴向抵在曲轴上,对百分表预压(1 mm)、调零。

⑤用头部缠有黑胶带的螺丝刀前后撬动曲轴,观察百分表长指针的摆差,即为曲轴轴向间隙,如图5-55所示。

⑥技术标准:标准曲轴轴向间隙:0.04~0.14 mm;最大曲轴轴向间隙:0.18 mm。

⑦若轴向间隙大于最大值,则成套更换止推垫圈,并重新检测。

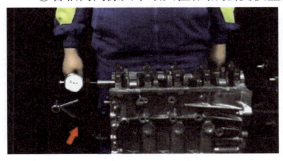

☆ **注意事项**

　　止推垫圈厚度为 2.43~2.48 mm。

图5-55　磁性百分表座

5.曲轴轴承油膜间隙的测量

①在曲轴主轴颈、曲轴下轴承涂抹少量润滑油。

②按轴承宽度,切割塑料间隙规长度,将塑料间隙规沿轴向放在曲轴主轴颈和曲轴杆下轴承之间。

③安装曲轴主轴承盖,并按规定扭矩紧固。

☆ **注意事项**

　　使用旧的主轴承应作好记号,不得互换,安装后不要转动曲轴。

④拆下曲轴主轴承盖。

⑤测量塑料间隙规最宽处。

⑥技术标准如下:曲轴轴承的标准油膜间隙为 0.016~0.039 mm,最大油膜间隙为0.050 mm。

⑦若油膜间隙大于最大值,则应更换曲轴轴承。

6.飞轮的检修

检查飞轮工作表面是否有明显的划伤沟槽。用刀口尺、塞尺或百分表检查飞轮的平面度,应不大于 0.20 mm,否则应采用车削或磨削的方法修平或更换飞轮。

飞轮齿圈轮齿磨损严重或出现裂纹时,可将齿圈均匀加热至 50~200 ℃,然后轻轻敲下,再将新齿圈加热到 200 ℃,趁热压装到飞轮上。更换齿圈后,必须对飞轮进行静平衡试验,不平衡量不得超过 10 g·cm。在更换飞轮或齿圈、离合器压盘或总成,以及修整飞轮工作平面之后,都应重新进行组件的动平衡试验,并符合动平衡量的要求。

【任务小结】

1.曲轴飞轮组的常见损伤形式

曲轴飞轮组件的主要损伤形式有曲轴的磨损、弯扭变形和裂纹等,飞轮工作平面有严重烧灼或磨损沟槽,以及飞轮齿圈有断齿或齿端冲击耗损等。

2.曲轴飞轮组的检修

①曲轴裂纹的检查。

②曲轴轴颈磨损的检测。

③曲轴弯曲变形的检测。

④曲轴扭曲变形的检测。

⑤曲轴轴向间隙的检测。

⑥曲轴轴承油膜间隙的检测。

测试练习

一、判断题

1.曲轴弯曲变形将影响配气正时和点火正时。　　　　　　　　　　　　　　（　　）

2.曲轴轴颈的圆度、圆柱度的标准值为 0.02 mm,磨损极限值为 0.03 mm。　（　　）

3.飞轮与曲轴装配后应进行静平衡试验。　　　　　　　　　　　　　　　　（　　）

二、单选题

1.曲轴的磨削顺序是(　　　　)。

A.先磨连杆轴颈　　　　　　　　　　　B.先磨主轴颈

C.从前向后依次磨削各轴颈　　　　　　D.连杆轴颈和主轴颈同时磨削

2.以下不是曲轴常见损伤形式的是(　　　　)。

A.裂纹　　　　　　B.变形　　　　　　C.磨损　　　　　　D.烧蚀

【任务评价】

本任务的任务评价见表 5-16。

表 5-16　任务评价表

序　号	内　容	分　值	得　分
1	曲轴裂纹的检查	20	
2	曲轴轴颈磨损的检测	20	
3	曲轴弯曲变形的检测	20	
4	曲轴扭曲变形的检测	20	
5	曲轴轴承油膜间隙的测量	10	
6	曲轴轴向间隙的测量	10	
总分		100	

注:操作规范即得分,操作错误或未进行操作即 0 分。

【学习任务拓展】

一、发动机机械系统故障的表现及影响

汽车发动机是由各总成和零部件组成的。随着行驶里程的增加,机械磨损和化学腐蚀使零部件原有的尺寸、几何形状发生改变,配合间隙增大;长期承受交变载荷的作用而产生疲劳损坏;零件受到外载荷、高温、残余应力作用而变形;橡胶及塑料非金属制品和电器元件因长时间工作而老化,严重时产生裂纹和损伤,其强度、硬度和弹性变差。这些都将引起汽车发动机技术状况变差,动力性、经济性下降,使用可靠性降低,甚至导致发动机各种机械故障的发生。

现代汽车发动机结构复杂,出现的机械系统故障也多种多样,对其归纳分类,有助于故障成因的分析和部位的判断。

1. 工况异常

工况异常是指汽车发动机的工作状况突然出现了不正常现象,这是较常见的工作症状。例如,发动机突然熄火后再起动困难,甚至不能起动;发动机在行驶中动力突然下降、行驶无力等。这些故障的现象明显,容易察觉,但其原因复杂,涉及较多的系统,而且往往是由渐变到突变。例如,起动困难的故障原因涉及发动机起动系统、点火系统、燃油供给系统及机械部分。因此,在诊断发动机故障时,应认真分析追溯突变前有无可疑症状,去伪存真,判明故障的存在。

2. 声响异常及振抖

有些故障可引起汽车发动机的不正常响声。出现异响预示着:配合零件可能装配不当、零件变形、配合副磨损造成配合副间隙不合适。异响故障症状明显,容易发现。但若不及时处理,可能酿成机件的大事故,因此,要认真对待。事实证明,凡响声沉重,并伴有明显振抖现象的机械故障多为恶性故障,应立即停机,查明原因。一般情况下,异响原因不同而响声特征和规律也不同,故在判断时应正确分辨、仔细查听。

3. 温度异常

在正常情况下,无论汽车工作多长时间,发动机各系统和机构应保持一定的工作温度,超过这个温度,称为温度异常。例如,轿车发动机冷却系统的正常温度为 $95\sim105$ ℃,超过此温度范围则为发动机过热。

4. 排气烟色异常

发动机在过程中,正常的燃烧生成物应表现为无明显颜色的烟雾。若燃烧不正常,烟雾的颜色将发生改变,将会排出黑烟、蓝烟或白烟。排黑烟主要是燃料燃烧不完全,烟雾中含有大量的炭粒子;排蓝烟主要是因为机油进入燃烧室被燃烧所致;排白烟是因为燃油中有水或水进入排气管内。排气烟色已成为发动机故障诊断的重要依据。

5. 燃料、润滑油消耗异常

燃料、润滑油消耗异常也是一种故障现象。润滑油消耗增加,原因通常是渗漏。渗漏有向外渗漏和向内渗漏之分。内漏是指润滑油进入燃烧室,常伴有冒蓝烟现象;外漏是润滑油漏出发动机体外的故障现象,很容易被发现。渗漏易造成发动机润滑油油量不足,从而引起

发动机过热和运动件表面的拉伤甚至烧毁。因此,燃料、润滑油消耗异常是发动机存在故障的一个重要诊断参数。

6.气味异常

燃油渗漏会散发明显的气味。发动机机油和防冻液的外漏,遇高温会散发出特殊气味。机油内漏参与燃烧时,在排气管会有难闻的气味。一旦发现气味异常,应立即停车检查。

二、发动机机械系统故障的诊断方法

汽车故障诊断的基本原则可概括为:搞清现象、结合原理、区别情况、周密分析,从简到繁、由表及里,诊断准确、少拆为益。发动机机械系统故障更需要抓住故障现象的特征,分析造成故障原因的实质,尽量避免盲目地拆卸,更要注意防止因不规范的拆装而造成新的故障。

汽车故障诊断方法有直观诊断法、经验诊断法和仪器诊断法。

1.直观诊断法

直观诊断法有"问""看""听""嗅""摸"和"试"6种方法。

"问"就是调查;"看"就是观察;"听"就是通过辩听声音来判断发动机运转以及汽车运行状况;"嗅"就是凭借嗅觉察知发动机在运行中有无异常气味;"摸"就是用手接触可能发生故障的机件的工作温度及其振动情况;"试"是通过试车来找出故障的部位。故障的直观诊断需要根据具体情况灵活运用,一般机械故障通过"问、看、听、嗅、摸、试"得到故障信息,经进一步综合分析,都能准确、迅速地查出故障。

2.经验诊断法

经验诊断法有隔离法、试探法和比较法等。

● 隔离法:部分地隔离或隔断某些系统或某些部件的工作,通过观察故障现象的变化来确定故障范围或部位的方法。当隔离或隔断某部位后,若故障现象立即消失,则说明故障发生在此部位或与此部位相关的系统;若故障现象依然存在,说明故障在其他部位。例如,对发动机采用单缸断火法(或单缸断油法)来判断故障缸。又如,将变速器操纵杆放在空挡位置,断续地接合和分离离合器,根据声音的变化判断响声是发生在变速器还是离合器。

● 试探法:对故障可能产生的部位通过试探性排除或调整来判断其是否正常。例如,当怀疑是气门间隙过大(或液压挺柱故障)引起气门异响,可用塞尺塞入气门杆与气门摇臂端(或气门杆与液压挺柱端)。若异响消失或减轻,则故障原因即为气门间隙过大(或液压挺柱故障);若异响声不变,再查其他部位。

● 比较法:常用于在不能准确判断部件技术状况时,将怀疑有故障的零部件与工作正常的相同件对换,根据换件后故障现象的变化来判断所换件是否有故障。例如,当某缸不工作,怀疑火花塞工作不正常时,可将一个正常的火花塞换上。若故障消失,说明该火花塞工作不正常。

3.仪器诊断法

使用仪器设备,通过测量发动机总成、机构的诊断参数,可实现对发动机的不解体检测诊断。仪器诊断法具有安全、快速、准确、预见性好等特点,是汽车故障诊断的发展方向。例如,在就车检测时,只要测量气缸压缩压力、进气歧管真空度、气缸漏气量或气缸漏气率、曲轴箱窜气量等其中的一项或几项,就能确定气缸密封性不良产生的部位及可能原因。

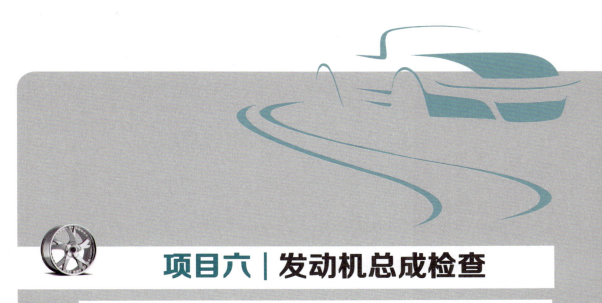

项目六 | 发动机总成检查

发动机是汽车各系统的动力源,保持良好的技术状态是汽车正常运行的基本条件。进行发动机总成检查,以确保发动机性能的良好,如图 6-1 所示。

本项目通过对丰田 1ZR 发动机进行气缸压力检测、进气管真空度检测、燃油压力检测,使学生掌握发动机总成相关故障的检修方法。

图 6-1 发动机的位置

学习目标:

- 了解安全操作要求,养成安全文明操作的习惯;
- 养成组员之间互相协作的习惯;
- 实施操作结束后,清洁工具,并将工具设备归位,清洁场地;
- 掌握发动机气缸压力的检测方法;
- 掌握发动机进气管真空度的检测方法;
- 掌握发动机燃油压力的检测方法;
- 能正确描述气缸压力过低的故障原因;
- 能正确描述进气管真空度的概念及真空度检测的目的;
- 能正确描述燃油压力检测的必要性及燃油压力不正常的故障原因。

/学习任务一/　检测气缸压力

任务目标

- 能描述气缸压力过低的故障原因；
- 能掌握气缸压力表的使用方法；
- 能掌握气缸压力的检测方法。

学习重点

- 气缸压力过低的故障原因；
- 气缸压力的检测。

　　汽车发动机在使用过程中，因磨损、烧蚀、结胶及积炭等原因，气缸活塞组技术状况变坏，从而使气缸密封性不良，发动机的动力性和经济性下降。气缸压缩压力检测是检查活塞环、气门及燃烧室的密封质量。发动机气缸压力过低，会造成发动机出现动力下降，燃油或机油消耗量增加，排放超标，起动困难。发动机气缸压力过高，会造成发动机爆燃，起动困难。发动机各缸压力不均，会造成发动机运转粗暴，或缺缸。出现上述故障现象时，应对发动机进行气缸压力检测。通过发动机气缸压力检测，分析并诊断发动机气缸的密封性和进排气系统是否通畅，并辅以其他检测和分析查找出故障点，以确定需要哪方面的修理。

　　本任务将阐述气缸压力的作用与原理，以及发动机气缸压力的使用与检查方法，提高学生对气缸压力的认识，并通过检查07款丰田卡罗拉汽车气缸压力，掌握对汽车气缸压力的检查。

【知识准备】

一、气缸压力检测的重要性

　　发动机正常工作的必备条件：适当浓度的可燃混合气、足够的压缩压力、准确和可靠地点火，如图6-2所示。

　　发动机气缸内气缸压缩气体压力的大小反映了气缸的密封程度。气缸压力值不符合规定要求，将导致发动机功率不足，燃油、润滑油消耗增加，尾气排放超标，对发动机的动力性和经济性影响很大，如图6-3所示。

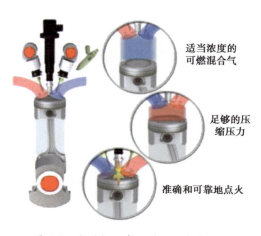

适当浓度的可燃混合气

足够的压缩压力

准确和可靠地点火

图6-2　发动机正常工作的必备条件

气缸压缩压力下降会造成发动机不能起动或起动困难,车辆最高车速下降,最大爬坡能力下降,燃油消耗量增加,机油油耗增加,废气排放量增加等。

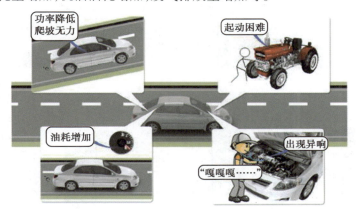

图 6-3　气缸压力下降对发动机的影响

二、气缸压力过低的故障原因

气门漏气、气缸垫漏气和气缸壁漏气是引起发动机气缸压力过低的主要原因。

气门漏气表现在气门磨损或烧蚀、气门间隙或配气正时失准和气门座磨损或烧蚀,如图 6-4 所示。

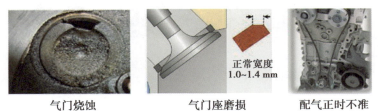

图 6-4　气门漏气损伤形式

气缸体翘曲、气缸盖烧蚀、气缸盖裂纹以及气缸体裂纹都会导致气缸垫漏气,如图 6-5 所示。

图 6-5　气缸垫漏气损伤形式

气缸壁漏气主要是因活塞环损坏、活塞损坏以及气缸磨损造成的,如图 6-6—图 6-8 所示。

活塞环磨损

活塞环折断

图 6-6 活塞环损伤

活塞销座孔裂纹

活塞环槽磨损

活塞裙部拉伤

活塞头烧蚀

图 6-7 活塞损伤

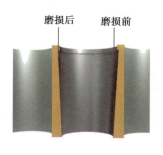
磨损后　磨损前

轴向磨损

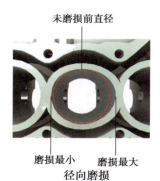
未磨损前直径

磨损最小　磨损最大
径向磨损

图 6-8 气缸磨损

三、气缸压力表

气缸压力表是一种气体压力表。它由表头、导管、单向阀及接头等组成。接头有两种形式:一种是螺纹接头,可直接拧在火花塞上或喷油器螺纹孔中;另一种是锥形或阶梯形橡胶接头,可紧压在火花塞或喷油器的孔上,接头通过导管与压力表相通,如图 6-9 所示。

螺纹接头

阶梯形橡胶接头

图 6-9 气缸压力表

1.气缸压力表的功用

气缸压力表是用来检测发动机气缸压力，从而对发动机故障进行诊断的，如图 6-10 所示。

2.气缸压力表的使用方法

气缸压力表的使用方法如下：

①起动发动机并运转到正常工作温度，熄火停止发动机运转，然后旋下汽油机的火花塞或柴油机的喷油器。

②汽油机必须将节气门和阻风门完全打开，将气缸压力表压紧或连接在火花塞座孔上。

图 6-10　气缸压力表功用

③柴油机必须采用螺纹接口式气缸压力表，将气缸压力表的螺纹接口旋入喷油器座孔内。

④用起动机带动曲轴旋转 3～5 s，使发动机转速保持为 150～180 r/min（汽油机）或 500 r/min（柴油机），此时气缸压力表指示的数值就是该气缸的气缸压力。

⑤测量完毕，按下气缸压力表上的放气阀，使压力表指针归零。

⑥在实际测量气缸压力时，每个气缸应重复测量 2～3 次。

【任务实施】

按照计划，参考汽车使用手册，进行气缸压力的检测。

一、实施方案

1.注意事项

参照厂家的质量标准要求，严格按照安全操作规程进行项目作业，自觉按照文明生产规则和环境保护要求进行拆装与检测。在满足厂家的生产规范和质量要求的前提下，能熟练、快速地对气缸压力进行检测。如果点火线圈拔出困难，不要硬拔，左右多次旋动点火线圈，使火花塞和点火线圈套接松动，然后再垂直拔出点火线圈。使用吹气枪清洁火花塞安装孔时，防止灰尘进入操作人员眼睛。在尽可能短的时间内测量气缸压力，此时发动机是在起动机带动下运转，如果时间过长，可能损坏起动机。

2.组织方式

每 4 位同学一组，检测 07 款卡罗拉 1.6L/AT 车用发动机的气缸压力，并按照企业岗位操作规范进行作业。

3.作业准备

• 技术要求与标准：见表 6-1。

表 6-1　丰田卡罗拉 1ZR-FE 发动机标准气缸压力数据/MPa

最大压缩力	最小压缩力	各气缸间差异不大于
1.373	1.079	0.098

● 设备器材:如图 6-11 所示。

常用工具(1套)　　　气缸压力表　　　火花塞套筒　　　吹气枪

图 6-11　设备器材

● 场地设施:有消防设施的场地。
● 设备设施:07 款卡罗拉 1.6L/AT 轿车 1 辆,以及工具车、零件车、垃圾桶。
● 耗材:干净抹布、泡沫清洗剂。

二、操作步骤

1.发动机暖机

①将点火开关置于 ON 位置,检查挡位是否处于 P 挡或空挡,驻车制动器是否处于制动状态,如图 6-12 所示。

②起动发动机,保持怠速状态,运行一段时间,进行暖机。在暖机过程中,观察水温表,等水温表上升到正常水温,即可关闭发动机,如图 6-13 所示。

图 6-12　挡位与驻车制动器检查　　　　　图 6-13　观察水温表

2.拆卸点火线圈

①依次提取发动机盖前后两端,取下发动机罩盖,如图 6-14 所示。

②断开点火线圈线束连接器按下线束连接器锁舌,将线束连接器向外拔出,依次断开 4 个线束连接器,如图 6-15 所示。

图 6-14　取下发动机罩盖　　　　　图 6-15　断开点火线圈线束连接器

③拆卸点火线圈固定螺栓,选用 10 mm
套筒和棘轮扳手,依次拧松点火线圈固定螺
栓。用手依次取下点火线圈固定螺栓,如图
6-16 所示。

④取下固定螺栓用手左右旋动点火线
圈,垂直向上拨出点火线圈,并按顺序摆放到
零件车上。

图 6-16　取下固定螺栓

☆ **注意事项**

　　如果点火线圈拔出困难,不要硬拔,左右多次旋动点火线圈,使火花塞和点火线圈套
接松动,然后再垂直拔出点火线圈。

3.拆卸火花塞

①清洁火花塞安装孔选用吹气枪,连接吹气枪和压缩空气管路,使用吹气枪,依次吹拂
火花塞安装孔,将火花塞孔中的污物吹出来,防止火花塞孔中的污物掉入气缸中,清洁火花
塞安装孔,如图 6-17 所示。

☆ **注意事项**

　　使用吹气枪清洁火花塞安装孔时,防止灰尘进入操作人员的眼睛。

②选用 14 mm 火花塞套筒、接杆、棘轮扳手,检查火花塞专用套筒橡胶是否老化、磨损,
正确使用工具,依次拧松火花塞;使用接杆和专用套筒,依次拧下火花塞,并保持垂直向上的
方向。如图 6-18 所示,从火花塞安装孔中取出火花塞,取下来的火花塞按顺序摆放。

图 6-17　吹拂火花塞安装孔

图 6-18　拧下火花塞

☆ **注意事项**

　　取出火花塞时,应垂直取出,防止火花塞撞到火花塞孔壁上。

4.断开喷油器线束连接器

按下喷油器连接器锁舌,依次断开 4 个喷油器连接器,如图 6-19 所示。

5.安装气缸压力表

①检查气缸压力表,观察气缸压力表是否完好,指针是否归零,检查气压阀开关开闭是否正常。组装压力表的附件,如图 6-20 所示。

图 6-19　断开喷油器线束连接器

②安装气缸压力表,将气缸压力表测量杆橡胶密封塞对正火花塞孔,将其压紧,确保其和火花塞孔密封良好,如图 6-21 所示。

图 6-20　气缸压力表

图 6-21　安装气缸压力表

6.气缸压力测量

踩下加速踏板,保持节气门全开,起动发动机。在运转发动机的同时,测量发动机气缸压力。以同样的方法测量 4 个缸的压力。每缸测量 2~3 次,在尽可能短的时间内,测量气缸压力,读取并记录数据,标准数据见技术要求,如图 6-22 所示。

如果测得的气缸压力偏低,通过火花塞孔向气缸中注入少量的发动机机油,并再次测量气缸压力,如图 6-23 所示。

图 6-22　测量气缸压力

图 6-23　测量发动机气缸压力

如果添加机油后气缸压力增大,则活塞环或缸径可能损坏或磨损。

如果压力继续偏低,则气门可能卡滞,或未正确就位,或气缸盖衬垫漏气。

　　在尽可能短的时间内测量气缸压力,此时发动机是依靠起动机带动而运转,如果时间过长,可能损坏起动机。

7.连接喷油器线束连接器

　　依次连接喷油器线束连接器,确保线束连接器连接可靠,如图6-24所示。

8.安装火花塞

　　①将火花塞安装在套筒内,确保安装可靠,如图6-25所示。

　　②使用火花塞套筒、接杆,依次将火花塞按顺序旋入火花塞安装孔内,如图6-26所示。

图6-24　连接喷油器线束连接器

图6-25　将火花塞安装在火花塞套筒内

图6-26　按顺序安装火花塞

　　安装火花塞时,确保火花塞垂直放入火花塞安装孔中,并用手垂直拧入,直到拧不动为止。

　　③使用合适工具,调整扭力扳手的扭矩,连接组合工具。使用扭力扳手,依次紧固火花塞,到达维修手册中规定的扭矩,如图6-27所示。

9.安装点火线圈

　　①依次将点火线圈垂直插入,确保完全插入,并与火花塞套接良好,如图6-28所示。

　　②依次安装点火线圈固定螺栓,如图6-28所示。

　　③使用合适工具,调整扭力扳手扭矩,连接组合工具。使用扭力扳手,以标准扭矩

图6-27　紧固火花塞

10 N·m依次拧紧固定螺栓,如图 6-29 所示。

图 6-28　安装点火线圈

图 6-29　紧固点火线圈固定螺栓

④依次连接点火线圈线束连接器,如图 6-30 所示。

> ☆ **注意事项**
>
> 　　插接点火线圈线束连接器时,确认听到锁止到位的"咔嗒"声,并检查锁止是否可靠。

⑤安装发动机罩盖。双手握住发动机罩,对准位置,确保安装到位,如图 6-31 所示。

图 6-30　连接点火线圈线束连接器

图 6-31　安装发动机罩盖

10.复检车辆

车辆装复后,复查发动机气缸压力,并验证车辆运转是否良好。

11.清洁、整理工具

①使用干净的布清洁使用过的工具。

②把清洁好的工具放回原来的位置。

【任务小结】

1.气缸压力检测的重要性

发动机气缸内气缸压缩气体压力的大小反映了气缸的密封程度。气缸压力值不符合规定要求,将导致发动机功率不足,燃油、润滑油消耗增加,尾气排放超标,对发动机的动力性和经济性影响很大。

2.气缸压力过低的故障原因

气门漏气、气缸垫漏气和气缸壁漏气是引起发动机气缸压力过低的主要原因。

3.气缸压力表的使用方法

①起动发动机并运转到正常工作温度,熄火停止发动机运转,然后旋下汽油机的火花塞或柴油机的喷油器。

②汽油机必须将节气门和阻风门完全打开,将气缸压力表压紧或连接在火花塞座孔上。

③柴油机必须采用螺纹接口式气缸压力表,将气缸压力表的螺纹接口旋入喷油器座孔内。

④用起动机带动曲轴旋转 3~5 s,使发动机转速保持为 150~180 r/min(汽油机)或 500 r/min(柴油机),此时气缸压力表指示的数值就是该气缸的气缸压力。

⑤测量完毕,按下气缸压力表上的放气阀,使压力表指针归零。

⑥在实际测量气缸压力时,每个气缸应重复测量 2~3 次。

【测试练习】

一、判断题

1.检测气缸压力时,节气门不用全部打开。　　　　　　　　　　　　　　　　（　　）

2.安装火花塞时不需要使用专用工具。　　　　　　　　　　　　　　　　　　（　　）

3.插接点火线圈线束连接器时,确认听到锁止到位的"咔嗒"声,是为了确保其牢固。

　　　　　　　　　　　　　　　　　　　　　　　　　　　　　　　　　　　（　　）

4.在测量气缸压力时,要在尽可能短的时间内进行。　　　　　　　　　　　　（　　）

二、单选题

1.安装火花塞时必须(　　　　)。

　　A.垂直放入火花塞安装孔中　　　　　　　　　B.45°角安装

　　C.60°角安装　　　　　　　　　　　　　　　　D.任意安装

2.07 款卡罗拉 1.6L/AT 车,拆卸火花塞时所用到的火花塞套筒规格是(　　　　　)。

　　A.14 mm 火花塞套筒　　　　　　　　　　　　B.10 mm 火花塞套筒

　　C.任意规格　　　　　　　　　　　　　　　　D.16 mm 火花塞套筒

3.测量气缸压力时需要分(　　　　)次进行。

　　A.1　　　　　　　　　B.5　　　　　　　　　C.2~3　　　　　　　D.10

【任务评价】

本任务的任务评价见表 6-2。

表 6-2　任务评价表

序　号	内　　容	分　值	得　分
1	使用正确方法使发动机暖机	10	
2	选用合适供给拆卸点火线圈	10	
3	选用合适工具拆卸火花塞	10	
4	断开喷油器线束连接器	10	
5	安装气缸压力表	10	
6	使用正确方法测量气缸压力	10	
7	连接喷油器线束连接器	10	
8	选用合适工具安装火花塞	10	
9	选用合适工具安装点火线圈	10	
10	复检车辆	5	
11	清洁、整理工具	5	
	总分	100	

注:操作规范即得分,操作错误或未进行操作即 0 分。

/学习任务二/　检测发动机进气管真空度

任务目标

- 能正确描述真空度检测的目的;
- 能正确描述真空表的结构与原理;
- 能掌握真空表的使用方法;
- 能掌握发动机进气管真空度的检测方法。

学习重点

- 进气管真空度的定义以及其检测的目的;
- 发动机进气管真空度的检测。

发动机进气管真空度(又称负压)是进气管内气压与大气压力差的绝对值,是汽车发动机各气缸交替进气时对进气管形成的负压值总和。发动机进气管真空度的大小及其稳定性与工作气缸数量、发动机转速和空燃比的大小成正比,与节气门的开度成反比,也随着进气系统密封性、点火性能的变差而减小。进气管真空度是发动机的一个综合性技术指标,被称为发动机性能的"晴雨表"。若进气管的真空度符合标准,不仅表明气缸的密封性良好,而且表明点火性能、配气相位及空燃比(A/F)也基本符合要求。因此,汽车进气管的真空度对发动机起着非常重要的作用,通过检测进气歧管的真空度可以不解体诊断发动机的多种故障。

　　本任务将阐述进气管真空度的作用与原理,以及发动机进气管真空度的使用与检查方法,提高学生对进气管真空度的认识,并通过检查07款丰田卡罗拉汽车进气管真空度,掌握对汽车进气管真空度的检查。

【知识准备】

一、进气管真空度

　　对于汽油发动机来说,进气系统的密封性、点火性能及空燃比的好坏是影响其作用性能的三大要素。进气系统的密封性包括气缸内部因素和气缸外部因素两个方面。影响进气系统密封性的气缸内部因素是气缸、气缸垫、活塞、活塞环、气门及气门座;外部因素是气门导管、气门弹簧、液力挺柱、进气管垫、喷油器密封圈、节气门体垫及进气软管等。气缸外部的漏气比气缸内部的漏气对进气管的影响更严重。进气管真空度也称进气管负压,是指外界大气压力与进气管内的进气压力之差(某点真空度=标准大气压力−该点气压力)。如图6-32所示,进气管真空度的高低和稳定性的好坏与工作气缸数量、发动机转速、进气系统密封性、点火性能好坏及空燃比的好坏程度成正比,与节气门的开度成反比。

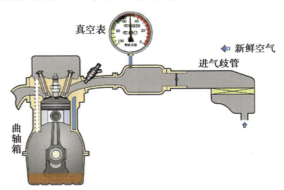

图 6-32　进气管真空度

　　进气管真空度是进气管内部的压力与外部大气压力的差值;发动机转速越高,真空度越大;节气门开度越大,真空度越小。

二、进气管真空度的检测目的

　　①判断进气系统的密封性,包括气缸内和气缸外的相关部件,一旦漏气就会造成进气真空度达不到标准值以上。

　　②判断排气系统有无堵塞。

　　③判断空燃比的大小。

　　④判断点火性能和配气正时性能。

三、真空表

真空表由表头和软管组成。真空表的表头与气缸压力表的表头一样,多为鲍登管。真空表表头的量程为 0~101.325 kPa。软管的一头固定在表头上,另一头连接在节气门后方的进气管专用接头上,如图 6-33 所示。

真空表在使用时,真空(负压)进入表头内弯管,弯管会更加弯曲。于是,通过杠杆和齿轮机构等带动指针动作,在表盘上指示出真空度的大小,如图 6-34 所示。

图 6-33　真空表的结构　　　　图 6-34　真空表的工作原理

四、真空表的使用方法

真空表的使用方法如下:

①发动机应预热到正常的工作温度。

②将真空表软管连接在节气门后方的进气管测压孔上。

③发动机怠速运转。

④读取真空表上的示数。

由于真空度会随海拔高度增加而降低(一般海拔高度每增加 1 000 m,真空度减少 10 kPa 左右)。因此,在真空度检测中应根据所在地的海拔高度修正真空度的参数标准。

【任务实施】

按照计划,参考汽车使用手册,进行进气真空度的检测。

一、实施方案

1.注意事项

参照厂家的质量标准要求,严格按照安全操作规程进行项目作业,自觉按照文明生产规则和环境保护要求进行拆装与检测。在满足厂家的生产规范和质量要求的前提下,能熟练、快速地对进气管进行检测。检测时,要起动发动机怠速运转,使水温升至 80~90 ℃,转速在 800±50 r/min。读数与当地的海拔高度有关。

2.组织方式

每 4 位同学一组,检测桑塔纳 3000 型轿车进气管真空度,并按照企业岗位操作规范进行作业。

3.作业准备

●技术要求与标准:

①根据《汽车修理质量检查评定方法》(GB/T 15746—2011)的规定,大修竣工的汽油发动机在怠速时,进气管真空度应为57~70 kPa。进气管真空波动:六缸汽油机不超过3 kPa,四缸汽油机不超过5 kPa(大气压力以海平面为准)。

②海拔高度每升高1 000 m,真空度将降低10 kPa左右。检测发动机进气管真空度时,应根据当地的海拔高度修正检测标准。

●设备器材:如图6-35所示。

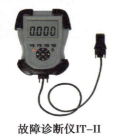  

故障诊断仪IT-II   万用表   常用工具(1套)

图6-35 设备器材

●场地设施:有消防设施的场地。
●设备设施:桑塔纳3000一辆,工具车、零件车、垃圾桶。
●耗材:干净抹布、泡沫清洗剂。

二、操作步骤

1.检测准备工作

(1)仪器、设备、车辆准备

准备车辆、燃油压力测试套件、工具车、灭火器及车辆防护用品,如图6-36所示。

(2)安装车辆防护用品

①安装脚垫、换挡杆保护套、方向盘保护套及座椅套,如图6-37所示。

②打开引擎盖,安装前格栅及翼子板护布,如图6-38所示。

图6-36 仪器、设备、车辆准备

图6-37 安装四件套

图6-38 安装前格栅及翼子板护布

2.拆卸空气滤清器滤芯

①脱开空气滤清器外壳上的气管,松开卡扣,取出空气滤清器滤芯,如图 6-39 所示。

②将空气滤清器外壳装好,确定牢固后,连接好气管,如图 6-40 所示。

图 6-39　取出空气滤清器滤芯

图 6-40　连接气管

3.预热发动机

①确定拉起驻车制动拉杆,换挡杆位于"P"挡或"N"挡位置,起动发动机,如图 6-41 所示。

②使发动机怠速运转,观察水温,如图 6-42 所示。

图 6-41　换挡杆位于"P"挡位置

图 6-42　观察水温表

③关闭发动机。

> ☆ **注意事项**
>
> 　起动发动机怠速运转,使水温升至 80~90 ℃,转速为 800±50 r/min。

4.安装真空表

拔出进气管上的真空管,连接三通管,安装燃油压力调节器进气管,将测试管安装连接至测压孔,安装真空表,如图 6-43 所示。

5.测量真空度

①起动发动机,使发动机怠速运转,读取真空表上的示数,如图 6-44 所示。

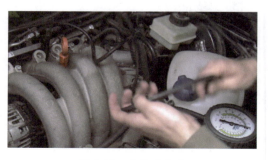

图 6-43　安装真空表

②迅速踩油门踏板开启和关闭节气门,观察真空表指针读数,并与规定的标准值做对比分析,如图 6-45 所示。

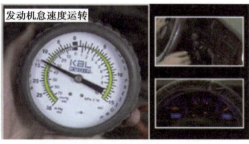

图 6-44　读取真空表数值

图 6-45　观察真空表指针读数

③关闭发动机,记录检测过程及结果。

☆ **注意事项**

读数与当地的海拔高度有关(一般海拔高度每增加 1 000 m,真空度将减少 10 kPa 左右)。

④检测结果分析见表 6-3。

表 6-3　真空度检测结果分析

检测条件	真空压力表	故障部位/原因
相当于海平面高的条件下(下同)发动机怠速运转	指针稳定地指在 64~71 kPa	气缸密封性正常
迅速开启并立即关闭节气门	指针随之摆动在 6.7~84 kPa	进一步说明气缸组技术状况良好
怠速时	在 50.66~67.6 kPa 摆动	气门黏滞或点火系统有问题
怠速时	33.8~74.3 kPa,且随发动机转速,升高加剧摆动	气门弹簧弹力不足、气门导管磨损或气缸衬垫泄漏
怠速时	真空表指针低于正常值,若突然开启,并关闭节气门,指针会回到 0,但回不到 84 kPa	主要是活塞环、进气管漏气,也可能是点火过迟或配气过迟
怠速时	真空表指针有规律地跌落	某气门烧毁
怠速时	真空表指针最初指示较高,有时跌落到 0	排气系统阻塞
怠速时	真空表指针快速地在 27~67.6 kPa 摆动,发动机升速时指针反而稳定	进气门杆与其导管磨损松旷

6.复原车辆

①拆卸真空表,并将发动机进气真空管连接好,如图 6-46 所示。

②安装空气滤清器滤芯,如图 6-47 所示。

图 6-46　连接发动机进气真空管

图 6-47　安装空气滤清器滤芯

7.整理、清洁工位

收回翼子板及前格栅护布,将车内四件套回收,如图 6-48 所示。

图 6-48　回收车内四件套

【任务小结】

①进气管真空度也称进气管负压,是指进气管内的进气压力与外界大气压力之差。

②发动机进气管真空度随气缸密封性的变化而变化。因此,利用真空表检测汽油机进气管的真空度,可表征气缸的密封性。

③真空表由表头和软管组成。

④进气真空度检测的用途有:判断进气系统的密封性;判断排气系统有无堵塞;判断空燃比的大小;判断点火性能和配气正时性能。

【测试练习】

一、判断题

1.进气管真空度检测是气缸密封性检测的方法之一。　　　　　　　　　　　(　　)

2.利用真空表对汽油机的进气真空度进行检查,可判断排气系统有无堵塞。　(　　)

3.真空表由表头和软管组成。　　　　　　　　　　　　　　　　　　　　　(　　)

4.进气真空度的高低决定汽油机性能的好坏。　　　　　　　　　　　　　　(　　)

二、单选题

1.真空表读数与当地的海拔高度有关,一般海拔高度每增加 1 000 m,真空度将减少(　　)kPa 左右。

　A.5　　　　　　　　　　B.10　　　　　　　　　　C.15　　　　　　　　　　D.20

2.进气管真空度的检测可(　　)。

A.判断进气系统的密封性   B.判断空燃比的大小

C.判断点火性能和配气正时性能   D.以上选项都可以

【任务评价】

本任务的任务评价见表 6-4。

表 6-4 任务评价表

序 号	内 容	分 值	得 分
1	检测准备工作	10	
2	拆卸空气滤清器滤芯	15	
3	预热发动机	15	
4	安装真空表	15	
5	测量真空度	15	
6	复原车辆	15	
7	整理、清洁工位	15	
	总分	100	

注:操作规范即得分,操作错误或未进行操作即 0 分。

学习任务三 检测油系统压力

任务目标

- 能认知燃油供给系统的基本组成;
- 能叙述燃油供给系统的基本原理;
- 能按照规范的操作流程完成燃油压力的检测工作。

学习重点

- 燃油供给系统的基本组成及基本原理。

汽车发动机的燃油压力正常是发动机正常运转的前提。发动机油压不正常,对发动机的工作影响很大,它会使汽车出现起动困难,或不能起动,加速不良,动力不足,怠速不稳,加速回火,油耗大,冒黑烟,以及发动机抖动等故障。如果汽车出现油压不正常,就需要通过检测怠速工作油压、调节油压、急加速油压、油泵最大供油压力、残余油压来判断燃油供给压力系统是否正常。

本任务将阐述燃油压力的作用与原理,以及发动机燃油压力的使用与检查方法,提高学生对进燃油压力的认识,并通过检查07款丰田卡罗拉汽车燃油压力,掌握对汽车燃油压力的检查。

【知识准备】

燃油供给系统的功用是根据发动机运转工况的需要,向发动机供给一定数量的、清洁的、雾化良好的燃油,以便与一定数量的空气混合形成可燃混合气。同时,燃油供给系统还需要储存相当数量的燃油,以保证汽车有相当长的续驶里程。随着技术的不断发展,电控燃油供给系统已被普遍使用。

一、燃油供给系统的组成

电控燃油供给系统主要由燃油箱、电动燃油泵、燃油滤清器、燃油分配管、油压调节器、喷油器及输油管等组成,有的还设有油压脉动缓冲器,如图 6-49 所示。

图 6-49 电控燃油供给系统

燃油供给系统中的燃油分配管也称"共轨",其功用是将燃油均匀、等压地输送给各缸喷油器。因它的容积较大,故有储油蓄压、减缓油压脉动的作用,如图 6-50 所示。

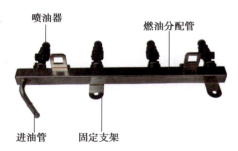

图 6-50 燃油分配管的结构

二、燃油供给系统的工作原理

电动燃油泵将燃油箱中的燃油泵入燃油滤清器。燃油滤清器对流过的燃油进行过滤,过滤后的燃油进入燃油分配管,在压力调节器的作用下,燃油分配管中的燃油压力维持在规定范围内。燃油分配管将燃油分配给各缸喷油器。喷油器根据电控单元的指令将燃油适时地喷入进气管中。当油路中油压升高时,压力调节器自动调节,将多余燃油返回油箱,从而保持送给喷油器的燃油压力基本不变,如图 6-51 所示。

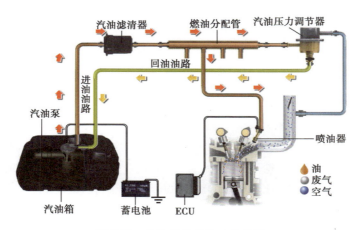

图 6-51　燃油供给系统工作原理

三、燃油系统的常见故障

燃油供给系统是给发动机提供燃油的重要系统。燃油系统内部的燃油压力是来源于燃油泵加压之后而产生的，由于燃油泵的转速快慢不同，导致燃油系统内部的燃油压力不稳定，因此，为了保持燃油系统内部的燃油压力恒定，需要燃油压力调节器对燃油系统压力进行调节，以便控制燃油量。

燃油供给系统性能的好坏及故障主要通过检测燃油压力来判断。检测发动机运转时燃油管路内的油压，可判断电动燃油泵或调节器有无故障，燃油滤清器是否阻塞。检测燃油压力时，应准备一个量程为 1 MPa 左右的油压表和专用的油管接头。

燃油供给系统油压出现的过高、过低、不稳或残压保持不住都与油压调节器有关。

①当系统油压过高时，首先对系统卸压，拆下油压调节器上的回油管，起动发动机怠速运行，观察油压调节器回油管。如果回油管回油少或没有回油，则说明油压调节器工作不良，应予以检修或更换。

②当系统油压过低时，首先起动发动机怠速运行，夹住回油软管，如油压立即上升至400 kPa 以上，说明油压调节器工作不良，则应予以检修或更换。注意不要使系统油压高于450 kPa，否则容易损坏油压调节器。

③起动发动机怠速运行，拔去油压调节器上的真空管，油压应上升 50 kPa 左右。如不符合，则说明油压调节器工作不良，应予以检修或更换。

如果燃油泵不工作或密封不严，也会导致燃油系统油压过低。

检测燃油系统压力需要借用燃油压力表来进行检测。燃油压力表的使用方法是：将燃油压力表用三通接头接在燃油压力调节器和喷油嘴之间的管路上进行测量。根据测得值容易判断电动燃油泵、油压调节器等燃油系统元件的工作情况。

【任务实施】

按照计划,参考汽车使用手册,进行燃油压力的检测。

一、实施方案

1.注意事项

参照厂家的质量标准要求,严格按照安全操作规程进行项目作业,自觉按照文明生产规则和环境保护要求进行拆装与检测。在满足厂家的生产规范和质量要求的前提下,能熟练、快速地对燃油压力进行检测。注意通风,防止火源,准备好消防设施;在拆卸燃油管之前,一定要先卸压。油管不得有老化渗漏现象。密封件、卡扣为一次性零件,维修时应更换。在起动发动机时注意安全。

2.组织方式

每4位同学一组,检查卡罗拉车燃油系统压力,并按照企业岗位操作规范进行作业。

每组作业时间为20 min。

3.作业准备

● 技术要求与标准:

①在拆卸燃油系统中的任意一个部件之前,都要对燃油系统进行卸压。

②检测蓄电池电压要在规定的范围内(正常电压为11~14 V)。

③正确使用专用工具安装燃油压力表。

● 场地设施:有消防设施的场地。

● 设备设施:07 款卡罗拉 1.6AT 轿车 1 辆、常用工具 1 套,燃油压力表。

● 耗材:干净抹布。

二、操作步骤

1.检查燃油箱及油管

①从前到后检查燃油管路有无泄漏、压痕或其他损坏,检查油管固定架有无损坏或松动。

②检查燃油管接头是否泄漏或松动,如图 6-52 所示。

③检查燃油箱连接管路是否损坏,燃油软管有无扭曲、裂纹或凸起,安装是否牢固,如图 6-53 所示。

图 6-52　检查燃油管路接头

图 6-53　检查燃油箱连接管路

2.燃油压力检测

①用万用表检测蓄电池两端电压是否正常(正常电压为 11~14 V),如图 6-54 所示。

> ☆ **注意事项**
>
> 　　检查电压时正负极表笔不要接反。
> 　　如果电压低于 11 V,在继续操作前对蓄电池充电或更换蓄电池。

②断开蓄电池负极端子,如图 6-55 所示。

> ☆ **注意事项**
>
> 　　在拆蓄电池负极之前,检查点火开关处于关闭状态。

注意事项:
检查电压时正负极表笔不要接反。如果电压低于11 V,在继续操作前对蓄电池充电或更换蓄电池。

图 6-54　检测蓄电池电压

注意事项:
在拆蓄电池负极之前,检查点火开关处于关闭状态

图 6-55　拆卸蓄电池负极电缆

③从主燃油管上断开燃油软管,如图 6-56 所示。
④用专用工具安装燃油压力表,如图 6-57 所示。

图 6-56　断开燃油软管

图 6-57　安装燃油压力表

⑤重新连接蓄电池负极端子,如图 6-58 所示。

⑥将诊断仪连接至诊断座上,打开仪器并选择以下菜单:Function/Activetest/Control the Fuel Pump/Speed,起动电动汽油泵,测量燃油压力,并与标准值(304~343 kPa)进行比较,如图 6-59 所示。

以卡罗拉为例：扭矩为54 N·m

图 6-58　连接蓄电池负极端子

图 6-59　连接故障诊断仪

如果燃油压力大于标准值,则更换燃油压力调节器,如图 6-60 所示。

如果燃油压力小于标准值,则检查燃油软管和管路连接情况,检查燃油泵、燃油滤清器和油压调节器。

⑦断开诊断仪,起动发动机,保持怠速运转,如图 6-61 所示。

注意事项：
燃油压力范围：147 kPa(1.5kg*cm², 21 psi)或更高

图 6-60　观察燃油压力

图 6-61　断开诊断仪

⑧测量怠速时燃油压力,并与标准值(304~343 kPa)进行比较,如图 6-62 所示。

如果燃油压力大于标准值,则更换燃油压力调节器。

如果燃油压力小于标准值,则检查燃油软管和管路连接情况,检查燃油泵、燃油滤清器和油压调节器。

⑨关闭发动机,检查并确认燃油压力在发动机停止后能按规定持续 5 min 的燃油系统压力,并与标准值(147 kPa 或更高)进行比较。如果燃油压力不符合规定,则检查燃油泵或喷油器。

⑩检查燃油压力后,断开蓄电池负极端子,拆下燃油压力表,如图 6-63 所示。

燃油压力标准值范围：304~343 kPa
(3.1~3.5 kgf*cm²,44.1~49.7 psi)

图 6-62　读取熄火后燃油压力

图 6-63　拆下燃油压力表

⑪将燃油管重新连接到主燃油管上。

⑫再次检查燃油管路接头处是否渗漏,如图 6-64 所示。

> ☆ **注意事项**
>
> 　　在检测燃油压力之前,需要对燃油系统进行卸压。
>
> 　　对燃油系统进行操作时,严禁吸烟或靠近明火。

图 6-64　检查燃油管路及接头

【任务小结】

1.燃油供给系统的组成

电控燃油供给系统主要由燃油箱、电动燃油泵、燃油滤清器、燃油分配管、油压调节器、喷油器及输油管等组成,有的还设有油压脉动缓冲器。

2.丰田卡罗拉轿车的燃油压力

丰田卡罗拉轿车的燃油压力正常值是:怠速时的燃油压力为 304~343 kPa;发动机停止工作后,持续 5 min 的燃油压力应为 147 kPa 或更高。

3.检查燃油系统压力的主要操作步骤

①检查燃油系统是否外渗漏。

②对燃油系统进行卸压。

③燃油压力检测。

【测试练习】

一、判断题

1.可以使用燃油压力表直接检测燃油系统压力。　　　　　　　　　　　　(　　)

2.在检测燃油系统压力之前,需要对外部连接管路进行渗漏检查。　　　　(　　)

3.如果检测出燃油压力过高,则可直接更换燃油压力调节器。　　　　　　(　　)

4.关闭发动机检测燃油系统持续 5 min 后的燃油压力,若小于规定值,则更换喷油器。

　　　　　　　　　　　　　　　　　　　　　　　　　　　　　　　　　(　　)

二、单选题

1.检测燃油系统压力都包括哪些?(　　　　)

　　A.静态燃油压力　　　　　　　　　　　　B.动态燃油压力

　　C.燃油系统保持压力　　　　　　　　　　D.以上都是

2.关闭发动机检测燃油系统持续 5 min 的燃油压力,规定值是(　　　　)。

　　A.304~343 kPa　　　　　　　　　　　　B.147 kPa 或更高

C. 150~250 kPa   D. 75~105 kPa

【任务评价】

本任务的任务评价见表6-5。

表6-5　任务评价表

序　号	内　　容	分　值	得　分
1	检查燃油系统是否渗漏	10	
2	对燃油系统进行卸压	5	
3	安装燃油压力表	10	
4	使用诊断仪检测燃油系统压力	20	
5	检测怠速情况下的燃油系统压力	20	
6	关闭发动机检测燃油系统,保持燃油压力	20	
7	拆下燃油压力表	10	
8	再次检查燃油管路是否渗漏	5	
	总　　分	100	

注:操作规范即得分,操作错误或未进行操作即0分。

【学习任务拓展】

一、燃油箱

燃油箱用以储存燃油,燃油箱的数目和容量随车型而异。普通汽车具有一个燃油箱,如图6-65所示的越野汽车则有主、副两个燃油箱,以适应军用要求。一般汽车油箱储存的燃油可供汽车行驶200~600 km。以汽油箱为例(见图6-66),它主要由油箱盖、加油管、隔板、燃油量传感器及燃油管开关等组成。

如果燃油箱内没有燃油或燃油过少,仪表盘上的燃油报警灯会点亮,以提醒驾驶员燃油过少,需要及时添加燃油。

图6-65　燃油箱功用

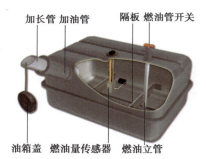

图6-66　燃油箱结构

二、电动燃油泵的类型

目前,各车型装用的电动燃油泵按其结构不同,有涡轮式、滚柱式和齿轮式等类型。内置式电动燃油泵多采用涡轮式,外置式电动燃油泵则多数为滚柱式。外装式是将燃油泵安装在燃油箱外面的输油管中,而内装式是将燃油泵安装在燃油箱内,如图 6-67 所示。

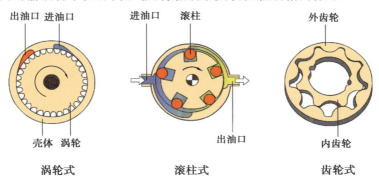

图 6-67　电动燃油泵类型

三、油压脉动缓冲器

当燃油泵泵油、喷油器喷射及油压调节器的回油平面阀开闭时,都将引起燃油管路中油压的脉动和脉动噪声。因此,油压脉动缓冲器的作用就是减小燃油管路中油压的脉动和脉动噪声,并能在发动机停机后保持油路中有一定的压力,以利于发动机重新起动。油压脉动缓冲器的结构如图 6-68 所示。膜片将缓冲器分成空气室和燃油室两个部分。当发动机工作时,燃油从进油口流进燃油室,由出油口流出。压力脉动的燃油使膜片弹簧或张或弛,燃油室的容积则或增或减,从而消减了油压的脉动。发动机停机后,膜片弹簧推动膜片向上,将燃油挤出燃油室,以保持管路中有一定的油压。

图 6-68　缓冲器的结构

参考文献

［1］上海景格科技股份有限公司.汽车发动机机械系统检修［M］.上海:华东师范大学出版社,2018.

［2］刘小平,龙纪文.发动机机械系统检修学习工作页［M］.上海:华东师范大学出版社,2016.

［3］廖晓琼,桂长江.汽车构造与拆装［M］.北京:高等教育出版社,2016.